JN094312

コトマーケティング協会代表理事　松野恵介

お客様が集まる!「ぼくだけの」売り方

コロナはきっかけに過ぎなかった——まえがき

2020年、新型コロナウイルスが大流行し、経済はガタガタになりました。このことは、改めて言うまでもありません。多くの業界で、

「今のままではダメ」

「根幹的なことから変えていかないと」

そう思っていらっしゃる方が多いと思います。

しかし、これは**コロナがきっかけになっただけで、もうすでに何年も前からその状態にあったと**思いませんか。でも何とかなってきたので、そのままにしていた。その放置していた数々の課題を、コロナがやってきて突き付けられた状態なのです。

■宴会や旅行などは10年以上前から減り気味だった

例えば、飲食店や観光業。コロナで大打撃を受けました。

しかし仕事での接待や会社での宴会、社員旅行などは10年以上も前からどんどん減ってきています。**デジタル化の波は何年も前から押し寄せ、人は「会って話をする」より「メールやSNSで話をする」ようになっていましたよね。**

でもやはり会って話したい、その場の臨場感を楽しみたい……ある面で、そういう人たちのために居酒屋やレストランがあったわけです。

そして世界中の景色は、どこにいても24時間見ることができます。それでも旅行はしたい、現地に行って自分の目で見てみたい……という人も多かった。そんな状況で、何とか飲食業も観光業もやっていたのです。

ある意味で、「危うい状況下」でもありました。

何より、日本においては２００８年を境に人口の減少が始まっています。人口が減るということは単純に考えても、それだけ電気やガスの利用量は減る、お米や肉も食べる量は減るということ。つまり、**すべての需要が減少している**のです。

すべてのことが変わってきているけど何とかなってきたので、そのままにしていた。その放置していた数々の課題が、コロナによって「放置できない問題」になった。

では、「根幹的なことを変える」の「根幹的なこと」って何なのでしょうか？

今のままでは、「どう」ダメで、これから「どう」していけばいいのでしょうか？

ここが明確にならないと、動きようもない。逆に言うと、ここが明確になれば動き方が見えてくる。これを明確にするヒントはないか？ いろいろな話をお聞きしてきて、僕自身がピン！ ときたことがありました。

■お客様との関係性を、より深く！

大阪の北浜に飲食店の顧問先を数百件、持っておられる会計事務所があります。その所長さんに「コロナ禍で売上げが落ちない店の特徴ってあるんですか？」と聞いたところ、即座にこう答えられました。

「お客様に直接電話して、来てほしい！　と言えるお店です」

これを聞いて、なるほど、まさにその通りだ！　と感じたのです。

このコトバの意味しているものは、「お客様に直接電話して来てもらえる〝つながり〟がある」ということです。つまり、お客様に来てもらえるほど「お客様と関係性が深い」ということです。

このコトバの意味合いを、もう少し深く考えてみるとこうなります。

・お客様の電話番号を知っているか

※顧客名簿が整っているか

・お客様に直接電話できるか

※これまで顧客とつながってきているか

・お客様に来てほしいと言えるか
　※正直に話せる関係か
・お客様が来てくれるか
　※お客様が助けようと思ってくれる存在か

　ここからも気づくように、**売れるには「つながり」が大切です。**売れる店には、その店独自のお客様とのつながりがあります。

「なんだ、そんなことか」

「そんなの、コロナの前と同じじゃないの」

　そう思われた方も多いのではないでしょうか。そうなんです。**コロナ前も、コロナ中も、そしてコロナ後も本質的な課題は同じ**なのです。

　おそらく、中小企業はもちろん、大企業の多くも、お客様との「つながり」を無視して商売をされてきたところはないと思います。もちろんここで言う「つながり」は、人と人はつながろう、といった漠然としたコミュニケーションの問題ではありません。お客様との〝関係性〟のことです。

・SNSの投稿をたくさんすれば、つながれる？
・たくさんの回数を会えば、つながれる？
・たくさんの情報を知れば、つながれる？
・取引高が多ければ、つながっている？
・囲い込みをすれば、つながっている？

どれも、そうでもあるし、そうでもない気がします。ましてや、どれくらいのつながりがあるのかなんて測りようもない。

でも、コロナがこれまでの「つながり」をジャッジしたのです。

これは、ある会社の経営者からいただいたメールの一部です。

> コロナでは、これまで築いてきたお客様との関係性が、営業マンそれぞれに問われたと思います。当社もそうです。担当者としっかり関係性が築けている営業マンは、

電話営業でも注文をいただけました。

しかし、御用聞き営業に近く、深い関係性が築けていない営業マンは、電話では注文が取れない。というか、まともに電話をする先もない。

コロナが、営業マンとお客様のつながりを暴いてしまった。

「暴かれたつながり」――。

一見、大変なようですが、逆に僕はありがたいことだと思います。これまで築いてきた「つながり」や「関係性」のジャッジを受けた。でもここで落ち込む必要はありません。

こんな時代だからこそ、従来のセオリーや売り方は通用しなくなっています。

「ボクだけ、私だけ」の売り方を考えるときなのです。

もちろん、「そんな場合じゃないんだよ」という気持ちも分かります。しかし、精神論ではなく、「売る側」が凹んでしまっては前に進みません。「気持ち」だけではどうにもならないのは僕も承知しています。でも敢えて、「気持ちで負けてはいけない」と言いたいのです。大変な事態のときには、とくにそう言えます。

だからといって、効率性を考えたり、テクニックで売ろうとしたり、自分が大事にすることをねじ曲げてまで売る必要はない。**自分と向き合い、自分がやりたいコト、お客様にできるコトを大切にし、ひと手間かけて人とつながる――**。

僕はずっと「モノではなくコトを売れ」と言い続けてきました。商品やサービスといった目に見える「モノ」を売る視点で考えるのではなく、お客様の中にある不安や不満、不便に感じているコトや興味や関心のあるコトに目を向け、「どうすればお客様の役に立てるのか」と、自分たちの〝できるコト〟を考えて行動する。

そうすると結果的に売れるのです。

お客様は一人ひとり違います。画一的な売り方では、お客様の不安や不満にたどり着けません。**「コト」を売るということは、お客様の顔を思い浮かべながら販売行動に結びつける**――ということ。そこで売れてこそ、喜びがあると思いませんか。

喜びのない仕事なんて、価値はありません。そこにはきっと、ボクだけ、私だけの売り方が生まれているはずです。

店（あるいは会社、営業マン、販売員）とお客様の間に強固な関係があれば、「コロナで厳しいようだから、デリバリーでも頼んで応援しよう」「外出自粛も解けたから、飲みに行ってあげよう」

お客様のこの気持ちに応えて、店側も机や椅子の配列に気を配り、レジにはビニールシートをかけるなどの工夫をします。とはいえ、こういった衛生面の工夫は、どこもやっていますね。でもさらに、メニューを工夫したり、コロナを気にせずくつろぎやすい店にしたり、お客様一人ひとりのココロを動かすようなサービスを提供できれば……。

そこをきっかけに、店とお客様との「きずな」が生まれるかもしれません。

「この店はいつも私たち（お客様自身）のことを考えてくれている」――と思っていただいているかどうかがカギになるはずです。

これまでも、「とは言っても」とか「でもねぇ」などと言いながら頑張ってきた。だからこそ、ここで見直しませんか？　自分自身の売り方を。だって、これからも仕事をしていくわけですから。

コロナはこれからの仕事を、楽しく、喜びのあるものに変えていけるチャンスです。

「実は、どこかで売り方を変えていきたかった」
「今だからこそ、きっとできることがあるはず」
「怖かったけど、動いてみたら思っていた以上に面白い」
「以前はできなかったことが、今ならできそうな気がする」

コロナ禍で動き、変化し始めた方々から、こんな声が届いています。

僕自身も、コロナ禍でずっと動きながら感じたことは、**今が動き時**ということです。先の見えない今、多くの人が惰性で動き、「仕方ない」とあきらめ、変化に一歩踏み出していない。でも、**社会や消費者心理は大きく変化している。この変化に対応できれば未来は明るくなります。**

■「あのお店」「あの営業マン」から買おう、と思ってもらえるカタチを！

このような前例のない状態になったときに、経験値は役に立ちません。先輩の言っていたことだから、会社の方針だから……それでは、お客様は全く満足しません。

「あの営業マンから買ってあげよう」
「あのお店で買ってあげよう」

普段からお客様とそういう関係を築くような、オリジナリティを持った売り方をしていたところは、コロナの打撃も小さかった。そういう営業マンやお店は、独自の売り方をしていたのです。

とはいえ、お客様と密接な関係をつくる……つまり「つながる」ことは簡単ではありません。テクニックだけでもダメ、ココロだけでもダメ、経験則だけでもダメです。ではどうするか……。

この本では、お客様とより近づき、そして、つながるための、〝あなたならでは〟の方法と考え方を事例なども交えながら説明していきます。**「ボクだけ」「私だけ」「自店だけ」「自社だけ」の売り方がお客様のココロをつかむ**のです。

でも、どんなときも変えてはいけないこともあります。変えてはいけないことを守りつつ、いま動きながらカタチを創り出していく。そういったところだけが繁盛していくときが来たんですね。

どの業界も「資本」のあるところは、こぞってナンバー1を目指し、争います。しかしながら、これも不毛な戦いです。

コロナ禍でも売上げを伸ばす会社を見ていくと、「どんな時代でも伸びる秘密」「どんな時代でも負けない秘密」が分かってきます。その**キーワードは、「他者にないオリジナリティ」**です。

会社の方針だから、先輩のやり方だから……ではないのです。「自分だけの売り方」を考え出さないと生き残れません。場合によっては会社の方針と逆でもかまわない。

最も打撃の大きかった飲食業を見てみても、閉店・廃業に追い込まれなかったところは、その店ならではの味や接客スタイルを持っていました。

これは**「どうしたら、上手くいくか」「どうしたら売れるか」ではなく、『お客様にどうしてあげたいのか』をカタチにしていった結果**です。

「あなたは、どうしたいですか?」
「お客様に、どうしてあげたいですか?」

そう聞かれても、すぐに答えは出ないかもしれませんが大丈夫です。この本を通して、見つけていってもらいたい。
きっと見つかります。
自分だけの売り方が。
そして、その売り方がたくさんのファンを生み出すはずです。

2021年4月

松野恵介

お客様が集まる！「ぼくだけ」の売り方

目次

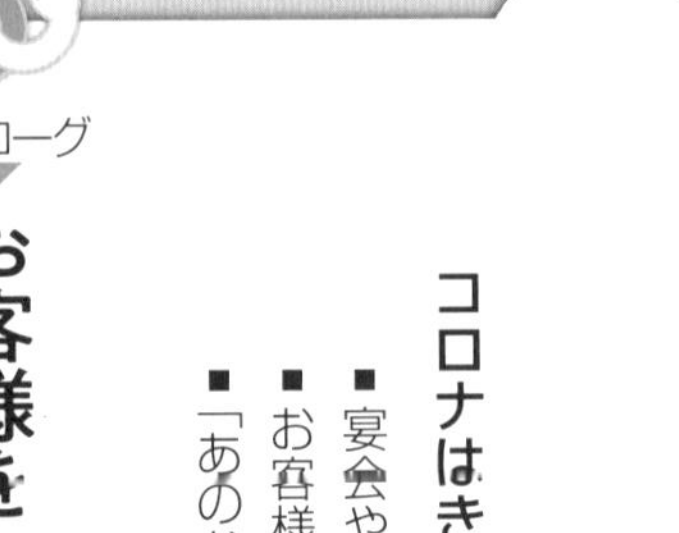

プロローグ

お客様を「囲い込む」のではなく「つながる」ビジネスを！

第1章

なぜ、つながれば売れるのか？

まず、電話、アンケート、手紙など、基本的なやり方でお客様との「つながり」を深めよう

第2章 「つながるため」の発想法

とにかく、動かなければ何も始まらない！
「コト」の考えと掛け合わせて動いてみよう

第3章 ずっと「つながる」ための6つの事例

長く続く「つながり」をつくるには、
何をキーワードにして、強固な関係を築いていくか

第4章 これからお客様と「つながる」ための5つの「発想転換」

この「マインドセット」で、お客様と「強い関係」を築けば、どんなことがあっても大丈夫！

DTP ベクトル印刷㈱
編集協力 片山一行
カバーデザイン 石村紗貴子

プロローグ

お客様を「囲い込む」のではなく「つながる」ビジネスを！

お客様と〝揺るぎない関係〟を築くためにまず初めに考えること

1 お客様を囲い込んでも売れない！

❖──あなたは「囲い込まれたい」ですか？

「お客様を囲い込むことが、経営を安定させる」と、かなり前から言われています。この、昔から言われる「囲い込み」は今でも有効なのでしょうか？

実は、コロナ禍で囲い込みは全く役に立たないことが明確になりました。

そもそも囲い込みとはどういったものなのか。これを紐解くと、囲い込みの弱点が見えてきます。

「顧客の囲い込み」とは、戦略を持って既存顧客を維持して顧客離れを防ぎ、さらには有力な見込み顧客を取り込むことです。なるほど**囲い込みは悪くないなと思ったあなた、き**

っとそれは売り手の目線で見ていますね。買い手の目線になってみてください。

あなたは、囲い込まれたいですか？

誰も囲い込まれたくはないと思うのです。

顧客の囲い込みの分かりやすい例として、携帯電話業界があります。囲い込みの手法をいくつか挙げてみましょう。

●「学割」で利用料金を安くして学生を取り込み、社会人になっても使ってもらうようにする。

●「継続割引」で2年以上継続して利用していれば、割引が適用されることで、他社への乗り換えを防ぐ。

●「ポイントサービス」で、次回の機器購入時などに累積したポイントを利用することで割引し、利用継続につなげる。

他にもクレジットカード会社の囲い込みや、航空会社の囲い込みなど。どれも制度やポイントを通して客離れを防ぐというものが大半です。

どこも同じような制度やポイントで争いをしているだけですね。売り手は必死で戦っていると思いますが、顧客はそんなことでは囲い込まれたりしないし、囲い込まれようと思いません。

今、たいていのお店が「ポイントカード」を持っていますが、お客様の本音は、「その分、値引きするなり別のサービスをしてよ」というところではないでしょうか。

もしアップル社が携帯業界に参入してきて、携帯各社にiPhoneの卸を止めたらどうでしょうか。一気にキャリア変更が起こるはずです。アップルの一人勝ちです。

非現実的なようですが、今のビジネス、何が起こるか分かりません。

そうなったら、各社が必死に行なっている囲い込みは、どんな意味があるのでしょうか。NTTドコモやａｕ、ソフトバンクとアップル社の違いは何なのでしょうか。

❖——「囲い込み」は、つなぎ止めるための〝手段〟でしかない

もう少し別の例でも見てみましょう。

飲食店でもしっかりと顧客名簿をつくり、顧客の囲い込みのためにポイントを付与した

り、特典を付けて囲い込みをしているお店があります。僕もいくつか入っていますが、そんなお店からコロナ禍にＬＩＮＥメッセージで「コロナ禍でテイクアウト始めました！」と送られてきたら……まず反応しません。

でも、**近所で家族ぐるみの付き合いをしている中華食堂がテイクアウトを始めたら「買ってあげよう」となる。**この違いは何でしょうか。

消費者は囲い込みには敏感で、囲い込みをしてつなぎとめていると買ってくれるという買い手の意図はバレバレです。だから、ポイントや特典はもらうけど、言われるようには買わないよ！　というのが本音です。つまり囲い込みとは、顧客をつなぎとめる手立てであり、つなぎとめるだけでは売れないということを示しています。

では、何が必要なのか？

それは、**つなぎとめておくことではなく、しっかりとした「つながり」をつくり出すことに他なりません。**

この本では、この「つながり」について書いていきます。

漠然とした言葉かもしれませんが、ビジネスの大きなキーワードです。

近所にある家族付き合いをしている中華食堂の店主は、僕のことをよく知っているし、家族のことも知っている。僕も店主のことをよく知っているし、家族のことも知っている。子供が小さい頃は辛い物でも食べられる程度の味付けにしてくれたし、子供が学生の頃はボリューム満点の料理を出してくれた。

何よりも話していて楽しかった。

だから僕はこの店が大好きだし、何があっても応援したいと思っているから「買いたい」のです。

ここから見えてくるのは「**よく分かってくれているから**」「**ちゃんと考えてくれているから**」「**好きだから**」「**応援したいから**」……**こんなことが理由になって**、つながっているということです。

モノが欲しいから買うというよりは、何らかの〝つながり〟があるから買うのです。

知人に、頑固に近所の小さなスーパーにしか行かない奥さんがいます。理由を聞くと「大きいスーパーは何を売っているか分からない」――と。しかし近所のスーパーは、「いいミカンが入りましたよ」

「新鮮な魚が入ってますよ」

「ところでお体の具合はどうですか」

といった「会話」がある。アルバイトを含めて店員さんとは顔なじみ。これが〝つながり〟です。**ザックリ言えば「家族付き合い」**にも似ていますね。


とくにコロナ禍になって、これが顕著になっていると感じるのは、僕だけではないはずです。例えば居酒屋であれば、

「自粛も解けたし、コロナは怖いけど、あの店で飲んで少しでも応援してあげよう」

そんなふうに考えた人も少なくないはずです。それは、お店とお客さんの間に〝つながり〟があるからです。

2 「つながる」とは、要するにどういうことなのか？

❖──友達付き合いで考えてみると……

ではここからは、「つながる」ことについて、もう少し掘り下げて考えてみます。

「繋がり」を辞書で引いてみると、

1　つながること。また、つながったもの。「文の繋がり」「意味上の繋がり」
2　結びつき。関係があること。「仲間との繋がりを大事にする」
3　血縁関係。きずな。「親子の繋がり」

とあります。この中で**「結びつき」**や**「きずな」が本書で言う内容に近い**ようです。

「お客様とつながる」ということを考えすぎると悩んでしまいそうなので、最初に自分の友達で考えてみてください。

あまりつながっていない友達、つながっている友達、しっかりつながっている友達の違いって、最近できた友達、たまに会う友達、いつも一緒にいる友達とも言い換えられるし、普通の友達と親友とも言えるかもしれません。


では、普通の友達と親友の違いって何でしょうか。

・お互いをよく知っている
・価値観や考え方が合う
・一緒にいて楽しい
・相談できる
・何かあったら助けてあげたいと思う

こんなことが挙げられます。

これを見て、ハッと気づいた方もいるのではないでしょうか。親しいお店や会社と同じじゃないかと。

❖──「○○○」だから店に行く、というものをつくり出す

もう一度考えてみましょう。

自分自身がお客様として、つながっているなと感じるお店や会社を思い浮かべてみて、それはなぜつながっていると思うかを考えてみてください。

「店主の○○さんが好きだから」
「お店のスタッフがみんな明るいから」
「オーナーの考え方が好きだから」
「あの店に行くと、なぜか元気が出るから」
「何でも相談に乗ってくれそうだから」
「私のコトをいつも考えてくれているから」
「いつも応援してくれるから」

このように、漠然とした「つながり」というコトバの中にも、しっかりと理由がある。

「○○○だから行く」「×××だから買う」ということは、この○○○や×××を明確にして「誰と、どんなつながりをつくり出すか」を考えていくことです。

「○○だから買う」
「○○だから買いたい」
そう思ってもらうことで、
お客様と深くつながる。

3

ではどうやって「つながる」のか？

❖――目に見えない〝つながり〟〝関係性〟は、どうやってつくるのか？

「つながりなんて必要ない！」

今の時代、そんな会社やお店は本当に少ないのではないかと思います。**多くの会社やお店が、お客様との「つながり」や「関係性」をつくり出そうと、考えて実践しているの**ではないでしょうか。

では、この目に見えない「つながり」や「関係性」は、どうしたらできるのか？　これも、いつも試行錯誤しているのではないかと思うのです。ましてや、どれくらいの関係性があるのかなんて測りようもない。

誰もがつくり出したいけど、何とも雲をつかむような感じなのが「つながり」や「関係性」だと思いませんか？

でも、このコロナ禍で「やっぱり、あのお店はお客様とつながりがあるなぁ」「この会社は思っていた以上に、お客様と関係性がある」そんな会社やお店の存在に気づかされたのも事実です。

❖──「つながり」のつくり方の基本を押さえてみよう

では、そんな会社やお店は、どのように「つながり」をつくっているのか。

そのヒントとなる、一つの質問があります。

「コロナ禍でも、どうしてあのお店には行きたいの？」

「コロナ禍で、なぜあの会社に問い合わせするの？」

と、問いかけてみることです。

おそらく、こんな答えが返ってくると予想されます。

「そりゃ、○○さんがいるからね」
「やっぱり、○○さんに聞きたいからかな」

それを聞いて、やっぱり人か、と感じると思うのですが、問題はその先です。

「なぜ、その人がいるからなんですか？」
「何を、その人に聞きたいんですか？」

そう聞いていくと、つながりの核となるキーワードが見えてくるのです。同じ「人」でも、いつもお客様に何ができるか、を考えている「人」なのです。

このキーワードをベースに、**「誰と、どうつながっていくか」をコトバにすると、確実につながりや関係性が明確になってくる**から不思議です。

一つ事例を紹介したいと思います。

京都の祇園に「ひいき」という料理屋があります。この料理屋の主人は、17歳で料理の世界に入り10年修業をしたのち、27歳で独立します。もちろんしっかりと料理の修業は積んでの独立です。

でも、料理の技術で上を行く人は山のようにいる。料理以外で何か特徴を出さなくてはと思い、オープンをして様々なことを試みます。その過程で、お客様が発したある言葉に引っかかるのです。

「今日も、ホンマに面白かったわ」

その言葉を聞いて、主人はハッとします。そうか！　昔から得意だった「しゃべくり」を通して、笑いでつながりをつくっていこうと。

料理がおいしいのは当たり前。料理の腕前だけで勝負するのではなく「笑い」をプラスして、あの店は「面白い」と言ってもらえる存在になろうと決めたときから、確実にお客様とのつながりが変わってきたと言います。

（※このお店「ひいき」については第3章でも詳しくお伝えしていきます）

4 つながることの、こんなメリット

❖──つながるメリットを整理する！

でも、そもそも「つながる」ことで、どんなメリットがあるのか？
これを整理しておきたいと思います。
僕が思い描く、「お客様とのつながり」をつくることで得られるメリットは7つです。

・強みが明確になり、付加価値がつく
・独自の価値が生まれる
・選ばれる存在になる
・価格競争に巻き込まれない
・ファンができる

・売れて利益が出る
・応援してもらえる

❖――「お客様に喜ばれる」は言うまでもないこと！

もちろん、お客様に喜ばれることは言うまでもありません。

先ほどの料理屋「ひいき」で確認してみましょう。

・強みが明確になり、付加価値がつく

↓料理のおいしさだけではなく、「料理×笑い＝面白い料理屋」として強みが明確になり、どうしたら笑いが起き、楽しくなってもらえるのか考えることで付加価値がつく。

・独自の価値が生まれる

↓おいしい料理を提供する料理屋や、老舗で伝統のある料理屋は祇園にもたくさんあるけど、笑いを提供する料理屋は唯一無二。それこそが独自の価値になる。

・**選ばれる存在になる**

↓数ある料理屋の中で、笑いを強みにしている料理屋はないので必然的に選ばれる理由ができ、興味のある人には興味を持たれるので選ばれる存在になる。

・**価格競争に巻き込まれない**

↓どこともバッティングしないので、比べる基準もなく、価格決定権が生まれる。

・**ファンができる**

↓強みが明確になり、その強みを好きだと言ってくれる人がファンになっていく。料理屋に笑いなんて欲しくない人は来ないので、クレームも起きにくい。

・**売れて利益が出る**

↓自分たちに価格決定権があるので、祇園の料理屋の相場を気にすることなく、自社の価値に見合った価格を付けることができるから、安売りすることもなく利益が出る。

・**応援してもらえる**

↓コロナ禍などの緊急時もお客様が大丈夫か？　と顔を見せてはいつもよりたくさん飲み食いしていってくれた。そして、コロナ禍という不安定な時期に、この店の「笑い」は何よりも癒しになったに違いない。

いかがでしょうか？　もしかしたら「つながり」の意味合いがこれまでと変わってきたのではないでしょうか。

生き残るためにお客様とつながらなければいけないのではなく、**「つながり」を考えれば、売れるようになるのはもちろん、お客様と一緒に支え合いながら一緒に歩んでいく状況をつくり出します。**

このとき僕はよく「つながりをデザインする」という言い方をします。つまり、「つながり」というある意味で当たり前な言葉を、「売れることに結びつく言葉」として俯瞰してみよう、どうやってつながるか考えよう、というわけです。

そうすることで、売れる以上に、仕事を楽しく豊かにしていくのです。

5 自分だけの売り方で、お客様とつながろう

❖──誰に、どんなことができるのか……と考えれば「つながり」ができる

ここで、もう一度確認しておきたいことがあります。それは、囲い込みとつながりの違いです。

囲い込みとは、顧客をつなぎとめる手立てであり、いかに囲い込むか、いかにつなぎとめるかを考えることです。短期的にはいろいろな面でサービス内容に差があっても、中長期的には「互いに似たような」サービス内容になっていく。

会員制サービスで苦戦している事例に共通しているのは「いかに顧客を囲い込むか」という発想が裏にあることです。

一方、**「つながり」は、「誰に、どんなことができるのか」という発想が基本にあります。**その原点は自分自身の考え方や思想にある。自分の好きや、大切にしている考え方、人に対する思いや哲学などをカタチにすればいい。

だから、効率性を考えたり、テクニックで売ろうとしたり、自分が大事にすることをねじ曲げてまで売る必要はないのです。自分と向き合い、自分がやりたいコト、お客様にできるコトを大切にし、ひと手間かけて人とつながる、これが基本になります。

そこで売れてこそ、喜びがあると思いませんか。

ここで見直しませんか？　自分自身の売り方を。

❖――そもそも「つながり」が生まれる土壌とは？

僕自身、つながりが生まれにくい土壌と、生まれやすい土壌があると感じています。安定したいい時期は比較的生まれにくく、**不安定で変化のある時期のほうがつながりは生まれやすい。**

例えば、親友のことを考えてみてください。きっと苦しい時期とか、大変だった時期を共に乗り越えたからこその親友が多いのではないでしょうか。

人は勝手なもので、安定しているときやいい時期は、それほどつながりは気にしません。そしてあまりつながりも求めない。安定しているときは必要ないんですね。

でもこれが不安定で先が見えない時期になればなるほど、つながりが必要になる。だって、そんなときほど**「誰かに助けてほしい」「誰かに相談したい」「誰かに聞いてほしい」と思う**。そしてその誰かは信頼できる人であってほしいと思うのです。

今コロナ禍は「つながり」をつくる大きなチャンスです。だって、消費者のココロは大きく変わり、揺れ動いているのですから。それに引き換え、お店や会社で働く人のお客様に向かっての行動はあまり変わっていないことが多い。

「いやそんなことはない！」

「私たちの行動も変わったよ！」

そう思われるかもしれません。でも、その変化した行動は誰のためのものですか。

お客様のためのものですか。

例えば、飲食店の多くがテイクアウトや宅配を始めました。でも、多くの店が「とりあえずテイクアウト」を行なっています。店に来てもらえないんだったらテイクアウトするしかないと、店内で食べるメニューをテイクアウトにしているだけ。

でも、**本気でお客様のことを考えると動きは変わってきます**。少し冷えてもおいしい料理を考え出すとか、この不安いっぱいでストレスのたまる社会で、せめておいしいものを思いっきり食べてストレス発散してほしいという思いでメニューを開発したりすることで、確実にお客様とのつながりが変わってくるはずです。

行動のポイントは、お客様のことを「よく分かってくれている」「よく見てくれている」「よく知ってくれている」にあるのです。刻々と変化していく消費者のココロに目を向け、できることを考え行動する。今こそ「つながり」が生まれる最高の土壌があるのは間違いありません。

6 顧客とファンの違いを考える

❖──「ファン」とは応援してくれる人

つながりが深くなると、どうなるのか?

先ほどメリットをたくさん挙げましたが、その一つに「ファンができる」ということがありました。例えば、コロナ禍の飲食店を見ていると、顧客に支えられている店は厳しくて、ファンに支えられている店は安定していることを実感します。

では、この顧客とファンの違いとは何でしょうか。

これは、いろいろなところで様々な定義をしていると思いますが、ここでもしっかりと定義をしておきたいと思います。

顧客は、何度も買ってくれる人
ファンは、応援してくれる人

先ほど紹介した「ひいき」で確認していきたいと思います。

週末の金曜日の19時に店内は満席状態。そこに予約なしに常連客が来店されます。大将が「すみません。今、満席でして……」と言ったとしましょう。


「なんだよ！　満席かよ！　いつも来てるのにどうにかならないの？」

と少し怒って言ってくるのが顧客です。それに比べて、

「急に来てゴメンね！　繁盛だね！　また来るよ！」

と笑って帰ってまた来てくれるのがファンです。

❖──顧客とファンは、つながりの深さが違う！

顧客は繁盛を嫌い、ファンは繁盛を喜ぶ。

顧客は「来てやっている」と思い、ファンは「一緒に楽しんでいる」と思う。

顧客は紹介なんてしないが、ファンは合う人を紹介してくれる。

顧客は困ったときに助けてくれないが、ファンは積極的に助けようとしてくれる。

こうしてみると、確実に顧客とファンはつながりの深さが違うのです。

緊急時や変化の激しいときに応援してくれるのは顧客ではなくファンです。だからこそ、この先の見えない、誰もが経験したことのない時代に入ったとき、頼りになるのはファンだけ。**変化の激しい2020年代は、顧客に支えられているお店や会社はどんどん厳しくなり、ファンに支えられているお店や会社は活性化していく。**

そしてファンとは、勝手にできるものではなく、「お客様のために何ができるか」を考え続けることで生まれていくのです。

これから10年、何があっても大丈夫な状況をつくってくれるのは、間違いなくファンの存在です。そして今こそ、つながりを深めファンをつくり出すチャンスでもあるのです。

第1章

なぜ、つながれば売れるのか？

まず、電話、アンケート、手紙など、基本的なやり方で
お客様との「つながり」を深めよう

1 まず「つながる」ことをイメージしよう！

❖――「つながり」は徐々に深めるもの

では、ここからは具体的に行動を考えていきます。

プロローグの最後に、

「これから10年、何があっても大丈夫な状況をつくってくれるのは、間違いなくファンの存在です。そして今こそ、つながりを深めファンをつくり出すチャンスでもあるのです」

と書きました。

もちろんつながりは一気に深まるものではありません。徐々に深めていくことになりますが、何事も最初が大切です。**つながりをつくり出すために「近づく」ことから始めてい**

きましょう。具体的にコロナ禍で成果の出たアプローチ方法を紐解き、まずはお客様に近づくための行動をたくさんしていくためのヒントを摑んでいってください。

❖──「きずな」をつくってつながると売れる！

そして、「つながる」ことだけではなく「売れる」こともしっかりとイメージしてください。

つながるとどうなるの？

というと端的に言えば「売れる」ことになります。**つながるというのはただの単なる仲良しではなく、何らかの「きずな」をつくり出すこと**です。そして常に、つながることは売れるのだという意識は忘れてはいけません。

ただ大切なことは、いわゆる「売らんかな」ではダメだということ。「売りたい」という気持ちはよく分かりますが、それが前面に出すぎるとお客様は逃げます。売ろうと思って売れるのではなく、つながる意識が結果的に売れることになるということなのです。

そのポイントは何かを、事例を踏まえて見ていきましょう。

2 「徹底的に〝安心〟を届ける」ことで売れた小売店

❖衛生対策を目の前でやってみせる！

東京・多摩地域にある、金や硬貨など買取専門店「ゴールドステーション」では、コロナ禍の最中に、お客様から「どのように衛生面の対策をされているのですか？」というような問い合わせがたくさん入りました。

いま行なっている対策を説明しても「他にはないんですか？」「それだけですか？」などとさらに聞いてくる人が多い……。

つまり、**自分たちが思っている以上に衛生対策を気にしている人が多い**ことに気づいたわけです。

そこで、お電話でお問い合わせいただいた方の中でも最上級の「かなり神経質な方」をスタッフ全員でイメージして、その方にしっかり安心してお越しいただけるように徹底的に衛生面の対策を取ろうということになったのです。

実際には、入店時の手の消毒やマスクはもちろんのこと、買取希望で来られたお客様との査定のときに使うテーブル・椅子・タブレット・ペンなどもお客様の目の前で消毒し、さらに目の前で手の消毒もして全身を除菌、ご希望とあればお客様のことも消毒や除菌をして差し上げる。

そして、お客様にも手袋はされるかを聞いたり、次亜塩素酸水を加湿器に入れたりと「ここまでやるのか」というところまで徹底的に標準化しました。

すると、**「ここまでしてくれるお店は安心」**と言ってもらえることが多くなり、問い合わせから来店、買取につながっていきました。

こうした徹底した衛生対策がマスコミなどにも取り上げられ話題になり、コロナ禍にもかかわらず来店や出張買取なども増えました。安心できる店として、お客様に近づき「売れる」結果になったのです。

❖──問い合わせが複数ある場合は「ヒント」が隠れている

ここから見えてくるポイントは、2つあります。

①電話やメールなどの問い合わせが複数ある場合は、何らかのヒントが隠れている可能性がある。

②どこも対策をしている衛生面であっても、「徹底的」と「目の前で」というキーワードで特別なサービスになり得るとともに、話題になるケースもある。どうせやるなら徹底的に、目に見えるカタチで取り組むこと。

このようにお客様からの問い合わせには、〝近づくヒント〟がたくさん含まれていることが多いのです。

2回以上同じ問い合わせがあった場合は何らかの対応をすることを心がけるといいですね。1回だけの内容は特殊なケースもありますが、2回以上同じような問い合わせを受けた場合は、その他にも同じようなことを聞きたい方がたくさんいると思って考えてみてください。

お客様の問い合わせは「つながる」きっかけ

お客様からの問い合わせ

「こうしてほしい」「これがほしい」
といったヒントが多く含まれている

同じような問い合わせがあったら
同じように考えている人も多い！

改善につなげよう

お客様と「近づく」「つながる」には
まず、お客様の声に耳を傾ける！

3 「お客様にすぐに電話する」ことで信用を得たガソリンスタンド

❖──セールスではなく「相談に乗る」電話をする

岡山県の「渋谷石油」は、ガソリンスタンドや飲食店を経営する会社です。

コロナ禍で公共交通機関の利用が減り、自家用車やバイク、自転車の利用が多くなりました。そんな状況のとき、ガソリンスタンドに来るお客様を見ていて〝相談〟が多くなったことに気づくのです。

「最近よく乗っているけど、オイルは大丈夫かな?」
「近場の運転ばかりだけど、バッテリーは大丈夫?」
「燃費が良くなる方法ってない?」

などなど。生活習慣が変わって、車の使い方も変わることで不安が多いんだろうなとスタッフみんなで話していたところ、あるスタッフがこう言ったのです。

「だったら、手分けしてお客様に電話しませんか？」と。

「でも、わざわざ電話しなくても」「面倒じゃないの」「お客様にも迷惑がられないかな」

意見はいろいろ出たのですが、まずはやってみようということになり順番にお電話をしてみたのです。

ここで心掛けたのは**「状況を聞き、相談に乗る」**ということ。

電話口で「ガソリンの給油は必ずうちに来てくださいね！」と言われるとイヤだけど、**「車の調子にお変わりありませんか？　何かあったら、何でも相談に乗りますので気軽に電話してくださいね」**と言われると安心するでしょ。

多くのお客様から「電話をくれてありがとう」と思いのほか喜ばれました。また、結果的に給油だけでなく、オイル交換や洗車にもつながったのです。

「ガソリンスタンドからいきなり電話だと、面倒くさい」

そう思われる人もいるでしょう。しかし僕は思うのです。

「ていねいに相談に乗ってくれる店には、少なくとも悪い感情は持たない」――と。

❖ お客様のことを「気遣って」声をかける！

ここから気づくことは、3つあります。

①いつもお客様の「今」を想像すること。とくに変化のあるときこそ「お客様って、今どうしているのかな？」「今って、何か困っていることないかな？」などと考える。
②遠慮せずに積極的に声をかける。
③スタンスは「売ること」ではなく、「状況を聞くこと」「相談に乗ること」。

変化の大きなときって、不安な気持ちになりますよね。そんなとき、自分のことをちょっと気遣って声をかけてくれる人がいるだけでホッと安心した気持ちになります。**いつも気にしてくれている存在がいることは心強い**もので、安心にもつながるのです。

気遣い、声をかけることに遠慮はいりません。もし緊張や遠慮しているときは「売ろうとしているとき」なのかもしれません。**大変なときこそ相手のことを考え、積極的に声をかけて困りごとの相談相手になる**。そうすることでお客様に近づくことができるのです。

常にお客様の「今」を想像し、

「今、困っていることはないか」

「それに何ができるか」

そう考えることで、お客様に近づける。

4 「お客様に事前に手紙を出す」ことで予約が入った温泉旅館

❖──セールスではなく、「近況報告お手紙」を出した

新潟に古くからある温泉地があります。ここにある老舗旅館もコロナ禍で大打撃を受けました。

大変！　どうにかしてお客様を呼ばないと！　と思えば思うほど「今、来てほしいとは言えない」「何か起こったらどうしようか」……などと考えすぎて動けませんでした。

そんなときにとった行動が、「近況報告お手紙」を地元のお客様に出すというものです。

内容は、このような感じです。

〇〇〇さま、いつもご利用ありがとうございます。緊急事態宣言のなかいかがお過ごしでしょうか？　前例のない状況ですので、窮屈な状況なのではないかと思います。それは、わたくしたちも同じで正直どうしたらいいかと悩んでおりましたが、悩んでいても仕方がないと思いある準備を始めました。

と言いますのは、あるお客様からお電話をいただきお話をお聞きしているなかで「ストレス発散に行くからね」と言ってもらったことがきっかけでした。

きっと私たちだけではなく、多くのお客様も窮屈な生活でストレスをためていらっしゃるのではないかと思い、そのストレスを少しでも発散していただけるように、お風呂、お料理、お部屋など、少しずつ工夫を考えております。

まだまだ予断を許さない状況ですが、一緒に頑張って乗り越えていきたいと思っています。外出ができるようになりましたら、ストレス発散にぜひ顔をお見せください。それまで私どもも笑顔を絶やさずしっかりと準備をしてまいります。

何度か行った旅館から、このようなお手紙が届いたらどうでしょうか。

僕は、「あぁ、こんなときだからこそ行ってみたいな」と思ったりするのです。結果的には、緊急事態宣言が明けてすぐに予約が入ったり、日帰りのお客様が見えられたそうです。お手紙だけで、お客様と近づき売れる状況になりました。

❖売る側が不安なときはお客様も不安

ここから見えてくるポイントは、３つあります。

①自分たちも消費者の一人であるということは、自分たちの感じていることは相手（お客様）も感じているということである。
②不安なときこそ、お客様にできるコトを考えカタチにする。
③自分たちの「今」を伝え、次につなげる。

自分たちが不安なときは、お客様も不安なことが多い。そんなときこそお客様を思い、できることを考えていくことが大切です。

緊急事態宣言が明けてからや、ＧｏＴｏトラベルがスタートしてからでは競争の最中で

「来てくれ！」と叫ぶようなものです。これでは「つながり」はつくれません。その前に、相手を思い、自分たちのことを伝えておく。

実際に、しっかり準備をしていても伝えないと、相手には伝わりません。だからこそ、近況を伝えるつもりでお手紙を書くのです。

その思いが詰まったお手紙を読むと、

「あぁ、こんなときも私たちのことを考えてくれているのね」

「外に出られるようになったら、ストレス発散に温泉もいいな」

そう思ってもらえることでつながっていくのです。

お客様に近づいてもらうには、自分たちからお客様に近づいていくことしか方法はありません。

5 「〝ついで〟チラシ」を配ることで、立ち寄ってもらった小売店

❖──「買い物のついでにお立ち寄りください」の店頭カンバンを立てた

京都の住宅街に古着屋さんがあります。

コロナ禍に入り、全く来店がなくなった。

2020年3月中旬以降は古着店だけでなく、アパレル全体が苦しかった時期だったと思います。「外出をしない」「買っても着る機会がない」「新しい洋服は必要ない」なんてことが言われた頃で、自分の店には立ち寄らないけど、店の前を通る主婦がいたのです。

どこに行くのかと思っていると、食材の買い出しに食品スーパーへ行く途中のようで買い物かごを手に持って、急いで歩いて行くのが目に入ります。「スーパーには行くけど古着屋には来ないよな」と思っていたら、お客様が入ってきた。

そのお客様と話していると「スーパーの帰りに、ついでに寄った」と言う。そこで店主は気づくのです。**「そうか！　ついでに寄ってもらえばいいんだ」**と。

そこで、店頭カンバンとフライヤーをつくり「買い物のついでに部屋着を見ていきませんか？」と問いかけてみた。そうしたら、思いのほか「ついでに」お店に入ってくれて、「ついでに」買っていってくれるという状況になったのです。

これまでこんなに家にいることもなく、部屋着もそれほどなかった。そのため、「同じものを着るしか仕方ない」と思っていた方も多く、「ついでに」「新品でなくてもいい」ということで古着がピッタリだったというのもあるのかもしれません。

❖──お客様の動きや気持ちに寄り添う

ここから気づくポイントは、３つあります。

①常に、お客様の動きに着目する。何のために、どう動いているのか？　という意味合いと動線を思い描く。

②主たる動きは変えることができないので、その中で自分たちとの接点を見出す。

③自分たちの「うちに来てほしい！」という主張ではなく、お客様の動きに協調する。

当たり前のことですが、無理やり来てもらうことは、それこそ無理ですし反発も買います。もし、**無理やり来てもらったところで売れないでしょうし、ましてやつながりなんてつくれません**。逆につながりを失くしてしまうことになる。

注意深くお客様の動きを観察して、自分たちとの接点を探す。

お客様の行動に合わせた無理のないシナリオを考えて問いかけていくことでお客様に近づき、売れる状況がつくり出せるのです。

売上げが落ちて困ってしまうと、ついつい自分たちの主張を押し付けるような行動になってしまいがちです。でも、それをしても売れないどころか、つながりを断ち切ってしまいます。

こんな時代だからこそ主張ではなく、相手に協調してできるコトを探す。それが大切なポイントなのです。

常にお客様の気持ちに寄り添う

①常に、お客様の動きに着目する。
購買中のお客様は何のために、
どう動いているのか？
その動線をよく観察し、想像する。

②主たる動きは変えることが
できないので、その中で
自分たちとの接点を見出す。

③自分たちの「うちに来てほしい！」
という主張ではなく、
お客様の動きに協調する。

自分たちの主張を押し付けない。
相手に協調することを考える

6 「提供方法を本気で変えること」で大繁盛した飲食店

❖——「テイクアウトで商品提供」するなら工夫を凝らす

コロナ禍で提供方法を変えることを余儀なくされた店舗が多いと思います。その代表格が飲食店です。2020年の4月は、それまでやっていなかった店舗の6割以上の飲食店がテイクアウトをされていたのではないでしょうか。

でも、**提供方法を変えてテイクアウトを始めた店の多くは「思ったほど売上げが伸びない」という体験をされた**ことと思います。「せっかく始めたのに」「やらないほうがよかった」「やっても同じ」などの声もよくお聞きしました。

にもかかわらず大ヒットしたのが、とんかつ専門店「かつやの全力飯弁当」です。

2020年4月20日から、テイクアウト専用で全4種類各750円で販売開始された「全力飯弁当」は、新型コロナウイルス感染症の拡大防止による外出自粛から、テイクアウト需要が高まっていることを受け開発されたもの。

「生姜焼丼から揚げチキンカツ弁当」「回鍋肉丼から揚げチキンカツ弁当」「豚玉丼から揚げチキンカツ弁当」「ナポリタンから揚げチキンカツ弁当」の4種類。とんでもないボリュームの弁当が大ヒットしたのです。

自宅での食事をよりいっそう楽しめる、〝見た目にも〟〝食べても〟、楽しくおいしいものを！　そういうコンセプトです。そこで、弁当なのかおかず盛り合わせなのか分からないほどのボリュームで、自宅で用意するには手がかかる揚げ物や炒め物を楽しめる「わんぱく盛り」な弁当に仕上げました。

これと同じように、関西を中心に30店舗のチェーン展開をするラーメン店「塩元帥」もコロナ禍で特別な弁当を出し大ヒットしました。また、東京・代々木上原の高級レストランがテイクアウトとして出したバインミーの大ヒットなど、ヒットした店やメニューもたくさんありました。

❖——「テイクアウトにしてみた」ではなく「テイクアウトでできること」を考えた

この「売れる」と「売れない」の差は何なのでしょうか。ポイントは2つ。

①とりあえずテイクアウトと、メニューは変えずに提供方法だけを変えたのではなく、テイクアウトでできることを本気で考えた。

②そのとき、お客様の状況を想像して、誰にどうなってほしいかを思い描いた。

多くのお店は、「とりあえずテイクアウト」を始めました。店内で食べるメニューを変えることなく、容器だけを用意して提供した。

でも、これって「仕方なしにテイクアウトをした」という感じが伝わってきませんか。

店内で食べられる料理は店内で食べるのが一番おいしいはずです。テイクアウトにしたら少し冷めたり、少し硬くなったりするからどうしてもおいしさが落ちる。そんなことで、つながりがつくり出せるはずがありません。

どうせやるなら本気で！

単なる「テイクアウト」ではいけません

✕ とりあえず「テイクアウトだ」と、
メニューも変えずに
〝提供方法〟だけを変える

お客様は何も感じない

○ そのときのお客様の状況を想像し、
「どんなテイクアウトにするか」
工夫する

お客様は感動してくれるかもしれない

おざなりのテイクアウトではダメ。
どうせやるなら徹底的に！

7 「伝え方を変えて」売れ出した小売店

❖―お客様に何をどう伝えるかが大切です

コロナ禍で、テレワークの導入などで仕事のスタイルが激変したため、普段、着るはずの洋服の概念も全く変わったと言えます。

・仕事着はもう買わない
・オフィス服はよりカジュアルに
・買うなら近場かネット
・私服と兼用　お気軽に
・枚数減り、高め1着

こんな文字が、新聞やテレビなどのマスコミでも並びます。生活が変わり、服の必要性が変わったので、今まで通り売っていたのでは売れるはずがありません。

こんなときだからこそ、**お客様をしっかりと見て、それに合わせて洋服の価値の伝え方を変える**のです。

例えば、それまででしたら可愛いワンピースがあったら、

「新入荷！　体型をカバーできる、とっても優秀ワンピ！」

なんてコピーで反応がとれたかもしれませんが、コロナ禍では着ていくところもないし、そもそも外出をしないから買わない。

コロナ禍ではテレワークが中心になり、オンライン飲み会なども行なわれるようになった。だったらそんなお客様のシーンを想像しながら考えてみるのです。

・テレワークのときの洋服って、どんなのがいいかな？
・オンライン飲み会のときの服選びのポイントは？
・オンライン飲み会のときって、相手にどう見られたいのかな？

こんなことを考えながら、洋服や自分たちにできるコトを考え伝えてみると、
「オンライン飲み会や会議にも！　画面越しの印象を明るくしてくれます！」
という感じになります。結果売れ出すわけです。

このように、**お客様のシーンや状況を想像しながらいち早く伝え方を変えていった店は売れ出しました**。でも、工夫のない伝え方、それまでと同じ伝え方、では新鮮味もありません。

お客様の「困った」「欲しい」を考えず、それまでと同じ伝え方のままプライスカードだけでやっている店は、どんどん厳しい状況になったのです。

❖──お客様の「今」の状況に合わせて情報を伝える

ここから見えてくるポイントは3つ。

①お客様の状況やシーンを想像する。
②状況が変わると、そのときの不安や不満、不便も変わるし、興味や関心ゴトも変わる。
③「今」の状況に合わせて伝え方を変える。

常にお客様に目を向けていると、相手の変化に気づきます。相手の変化に気づいたら、その変化に合わせて自分たちの伝え方を変える。

例えば、店頭で20歳のお客様と60歳のお客様には対応を変えているのと同じです。

お客様に合わせるのと一緒で、お客様の状況に合わせていくことで、近づき、結果的に売れることになります。

8 「アンケートを通してよく聞く」ことで売れ出した建材商社

❖ BtoBについて見てみよう

これまではBtoC（企業対一般顧客）の商売のことを書いてきましたが、ここでBtoB（企業対企業）の商売についても紹介していきたいと思います。神戸の長田にある、建築商材を取り扱う商社「マニックス」です。

建築商材はコロナ禍で中国からの輸入が止まり、一時期資材が入らずに、現場が動かないなどの状態になりました。

あたふたしながらも、入らない商材を待っていても仕方がない。できることに集中しようと始めたのがアンケートです。

マニックスのお客様は地方にある工務店やリフォーム屋さんが中心。コロナ禍において、どのような状況で、どんなコトが課題で、何を考えておられるのかを知るためのアンケートをつくったのです。質問内容は、このような感じです。

・3月～5月の受注状況はいかがでしたか？
・6月以降の受注状況はいかがでしたか？
・コロナ禍に社内でされている取り組みはありますか？
・コロナ禍に社外（お客様）へされている取り組みはありますか？
・コロナ禍の先行きに不安はありますか？
・あるとすれば、どのような不安がありますか？

こうしてアンケートをつくり、まずは郵送でお送りして答えてもらった内容を集計したところ、思わぬことが見えてきました。

3～5月の受注は好調、6月以降の見込みも好調なのにもかかわらず、先行きだけは大きな不安を抱え、その対策は何もしていないことが分かりました。

そこで、**このアンケート結果を持ってお客様のところを訪問し**「どのような対策が必要ですか？」「一緒にできることはありませんか？」と問いかけ、お手伝いできることを探すためにお客様のことを聞き続けたのです。


すると、とくに解決策や、具体的な動きは決まっていないにもかかわらず、

「ここまで気にしてくれるのは、おたくだけだよ」

「こんなときに、一緒に考えてもらえるのは心強いね」

という声がたくさんあがり、結果的に9月以降の受注が大きく伸びることになりました。

❖アンケート＋電話連絡でお客様の悩みを聞き出す

これと同じようなことは、実はたくさんあります。神奈川県の横浜市に本社がある室内ドア専門メーカーの「神谷コーポレーション湘南」では、**２０２０年４月の緊急事態宣言に入るや否や、お得意先である工務店に対して一斉に電話連絡**をして、今の状況と、困っていることや、仕事で止まっていることなどを聞き出し、その中から緊急性の高いものに絞り込んで、どうにかしてお客様のお役に立てないかと考えたのです。

ちなみに、その当時の工務店の課題は「契約をいただいている施主さんと、会って打ち

合わせができないので、着工まで進まない」というもの。そこで、神谷コーポレーション湘南ではZoomを使ったオンライン打ち合わせの手法を研究し、工務店の皆さんにお伝えしたことにより信頼を得、その後の受注につながりました。

❖——お客様と一緒に考え一緒に動く

これらから見えてくるポイントがあります。

①お客様の「今」を確認する。
②売るための問いかけでなく、お手伝いできるところを探すという意図を持つ。
③一緒に考え、一緒に動く。

お客様の「今」は想像よりも、**聞いて回るほうがたくさんの情報が集められます**。まずは「今」を詳しく知る。その行動は、決して売るためではなく、何かできることを探しに行くために。

こういった行動は、確実にお客様に近づき、信用につながり、売れることにも近づいていくのです。

❖――アンケートで聞くことで、売れ出したガス販売会社

アンケートを通してお客様の状況を聞くというのは、ＢtoＣにも有効です。

枚方市にある大阪ガスの代理店をされている「藤阪ガスセンター」は、「まごころ巡回活動」と称する**アンケートを用意してガスの状況だけではなく、暮らしの変化や、暮らしの不便や不満についてお客様のお宅を訪問したところ、**本当にいろいろな話をお聞かせいただいて、多くのリフォームの相談につながったと言います。

実は、この成果を聞いて、藤阪ガスセンター以外の大阪ガスの代理店がアンケートを実施したのですが、全く成果が得られなかったと聞きました。どうしてか？　これは、ここまで読んでもらった方なら気づいた方も多いと思います。

「アンケートをしたら売れる」からアンケートをしたのか、「お客様の状況を知り、何かできることを探す」ためにアンケートを実施したのかの違いが、成果の違いに結びついているのです。

「近づく」「つながる」思いや行動は、
結果的に「売れる」につながる。
いつも「お客様を手伝う」という
気持ちを持とう。

9 お客様名簿があるかないかで、圧倒的な違いが生まれる

❖何があっても必ず「顧客名簿」をつくる

2020年3月の中旬頃から、これまでご縁のなかったところからもお声かけをいただき、飲食業や観光業の集まりに呼ばれることが多くありました。最初に伺った大阪や京都の飲食店の集まる勉強会でいろいろと対策を検討しているとき、驚いたことがあります。

それは、飲食店の多くに顧客名簿がないという事実です。

僕が個別にコンサルティングをしている会社やお店で、顧客名簿がないというところはありません。しかし個人店舗はもちろんのこと、大きなお店を5店舗以上経営されているところの大半に顧客名簿がなかったのです。こうなると、打ち手は限られてくるばかりで

なく、かなり厳しい状況下での戦いになります。

大阪や京都は観光地ですので、新規のお客様が常にたくさん来られます。そう考えると、おそらく顧客名簿をつくって「つながり」を意識する、なんてこともなかったのでしょう。新規のお客様だけを受け入れてどんどん回れば、そのほうが効率的で楽です。

でも、**新規のお客様には「つながり」はないので、困ったときに来てもらうことも、応援してもらうこともできない。**新規のお客様がどんどん来ることが当たり前になってしまって「つながり」を意識しないでいたのだと思います。

コロナ禍で、お客様が来てくれることが普通ではなくなった。本当はありがたいことだったのに、普通に感じてしまっていたことに気づくのです。

❖――気づいたところからが勝負です！

気づいたからにはつながりをつくり出す！

それには、顧客名簿は必須になります。もちろん名簿づくりが目的ではないので、つながることを目的としたとき、どんな情報を受け取っておくといいのか考えてみてください。

・誰が→名前
・どこから（地域や場所）→住所
・何度来てもらったか→リピート回数
・そのお客様には、どんな方法で連絡を取るのか→メールアドレスやLINEなど

その他にも、つながっていくための要素としては「好み」「顔写真」「趣味」など、情報があればあるほどいい。そして、この名簿をもとにつながることを意識してみてください。

年に1度連絡がくるか、月に1度連絡がくるか、週に1度連絡がくるか、どれがつながれるだろうか。そして、その連絡は、売り込みの連絡か、近況報告か、役立つ情報か。

こうして考えていくと、メールやLINEでも、お手紙やDMでも、しっかりと情報を通してつながっていくことが見えてくると思います。連絡が来ないより、来るほうが思い出します。その連絡も、売り手の主張的な売り込み情報よりも、買い手に協調した「今、役に立つ情報」のほうがつながりやすい。

こうしてお客様に連絡をしていくことは、〝つながりづくり〟においては当たり前であ

つながりと動機づけの関係

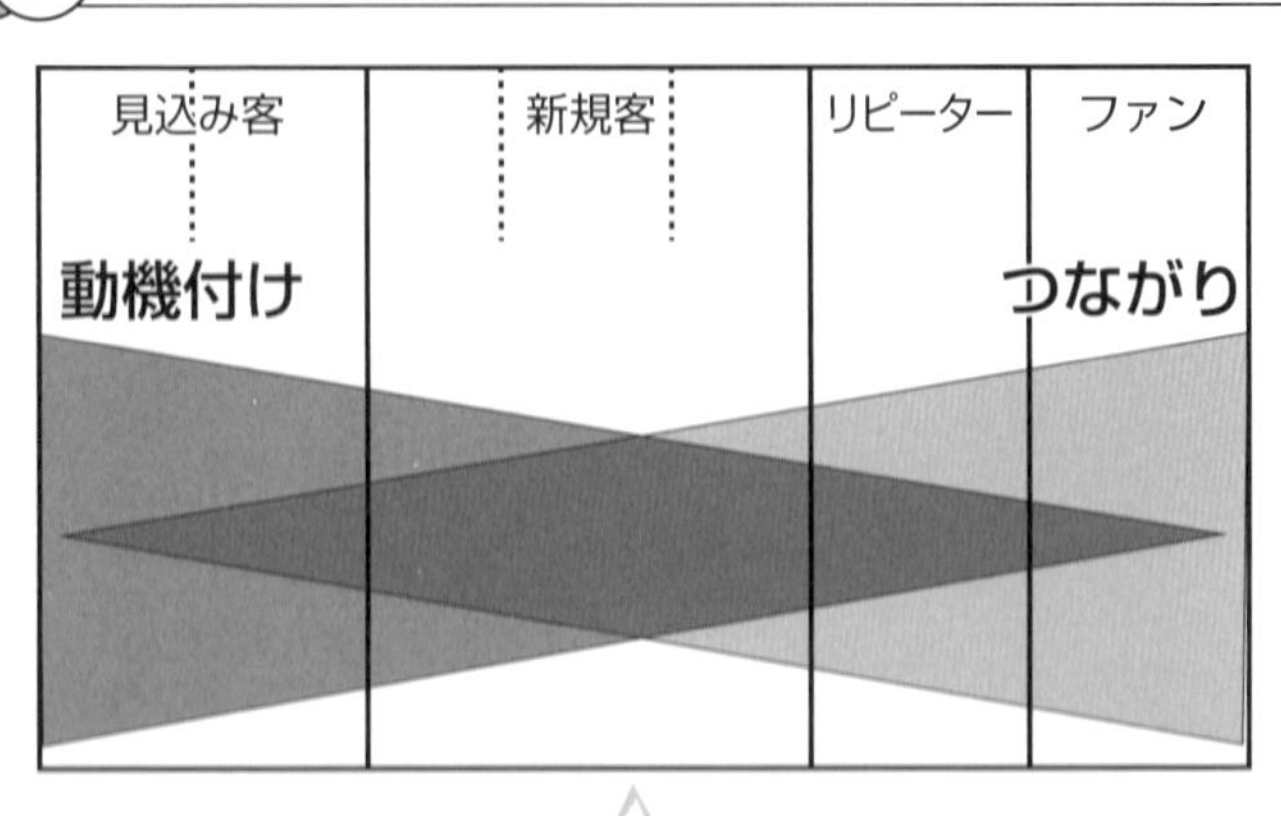

つながりが深ければ動機づけもラク！

り、初歩ですがとても大切なことなのです。

そして、結果的に**つながりが深ければ深いほど、動機づけは楽になります。**来てほしいと言えば来てくれるし、応援してほしいと言えば応援してくれるようになる。上の図のイメージです。

でも、このつながりは、決してお客様が勝手につくってくれるものではなく、自分たちが紡いでいくものだと心に刻むのです。

お客様からの反応を感じてみてください。

10 情報でつながることを意識すると、つながりが変わる

❖「コト」のつながりは「売れる」に結びつく

モノの売り買いだけでつながりはつくれません。では、どうしてつながりを創るのか？

その一つとして僕自身がずっとクライアントさんと一緒にやってきているのが「コトのつながり」です。

お客様の不安や不満、不便な「コト」
お客様の興味や関心のある「コト」
⇄　⇄
自分たちができる「コト」

この**「コトとコト」とのつながりこそが、「売れる」に結びつく**のです。

商売は信用と信頼が大切と昔から言われています。商売に限らず、人間関係において信用できない人とつながりを感じることはないと思いますから、やっぱり大切ですよね。

では、この信用はどこから生まれるのか？

❖──お客様からの信用は、お客様を「知る」ことから始まる

僕は17年以上このコンサルタントという仕事を通してたくさんの会社やお店、そこで働く人たちを見てきました。そこで思ったのは、**「本当にお客様に信用されているんだなあ」と感じる人の共通点は「お客様をよく見ている」ということ。**

信用の基本は、

「よく見てくれている」「よく知ってくれている」「よく分かってくれている」

にあるのだと実感しています。**人に聞き、人を見て、人を知る。その上で自分たちにできることを考えてつなぎ合わせていく。**それこそが、つながりであり、絆(きずな)になる。だからこそ、人（お客様）の中にあるコトに目を向け、人（自分たち）のできるコトを合わせて

いくことが大切になるのです。

ＡＩの台頭により過去のデータを整理し、そこから答えを導き出すことが可能になりました。そして、それはすべて機械がやってくれる。では、**人は何ができるのか？　人にしかできないことは何なのか？**　この大きな課題に、コロナは明るい光を差し込んでくれたように思います。

過去の経験が活かせない前例のない社会になったとき、人は何を思い、何に不安や不満を感じ、どんな興味を持つのか。これに対応していくことは、もう人にしかできません。

人を見て、人を知り

　人が、人にしかできないことを創造する

これが、「つながり」になっていくのです。

第2章

「つながるため」の発想法

とにかく、動かなければ何も始まらない!
「コト」の考えと掛け合わせて動いてみよう

1 「つながる」が大事だと分かっていても……

❖——こんな時代だから、できることもある

第1章の様々な手法と考え方を読んでいただいて、「近づく」「つながる」ということが「売れる」に結びつく——とイメージできるようになっていると嬉しいです。

ただ、実際にイメージが持てたとしても「よし！　やるぞ！」となるには、少しハードルの高い方もいらっしゃるのではないでしょうか。

その気持ち、よく分かります。僕自身も2020年4月の緊急事態宣言のときは「どうしようもないな」という気持ちで、しばらくゆっくりしているしかないかと思っていたのです。でも、クライアントさんのご要望があり強制的に動いた。いや、動かされたと言っても過言ではありません。

「こんなときに動いてもねぇ」と思いながらでしたが、**動き出してみるとできるコトは思っていた以上にいっぱいありました。**多くの会社が動いていないので、想像以上にお客様の反応が得られました。これが面白くなってきたのです。

面白くなってきたらこっちのもの！

改めて情報収集をして、今動く意味合いを伝え、一緒にコロナ禍でできるコトを実践していった結果、短期間で本当にたくさんの成果を出すことができました。

動いた実感から、間違いなく「今は、動き時」だと言い切れます。

もちろん多くの皆さんがコロナ禍で動いています。

必死に商売をされていると思います。

でもその動きは、コロナの影響を受けている人を、どれだけ見て、どれだけ知って、どれだけ考えて動いていますか？　と聞かれるとどうでしょうか。

衛生面の対策だけがコロナ対策ではありません。これまでの**惰性で動くのではなく、今の時期に合わせて動きを変えていく。**そして人に対して動くことで確実につながりが生まれ、売れます。

そりゃそうですよね、つながるのは人と人なのですから。**人が人を見て、人にできることをしていくと、つながりが生まれる**のは間違いありません。

売上げが下がるとついつい焦り、不安になり、売上げを追いかけてしまう。売上げや利益などの数字は目に見えるから、大きな力があるのだと感じるのです。

でも、数字は結果です。結果を変えるためにはプロセス（過程）を見直し、変えていくしかないのも事実。だからこそ、〝今〟に合わせてプロセスを変えていくことが、売上げにつながっていく。

でも、その動き方が分からないというのが一番の課題なのではないでしょうか。

❖――どう、動けばいいのか？

この動き方の起点となる大きなヒントが、第1章に書いた様々な事例の「ポイント」にあります。主要なものを再度、挙げてみますね。

・電話やメールなどの問い合わせが複数ある場合は、何らかのヒントが隠れている可能性がある

・いつもお客様の「今」を想像すること
・自分たちも消費者の一人であるということは、自分たちの感じていることは相手（お客様）も感じているということである
・常に、お客様の動きに着目する。何のために、どう動いているのか？　を思い描く
・そのとき、お客様の状況を想像して、誰にどうなってほしいかを思い描く
・お客様の状況やシーンを想像する

いかがでしょうか？
これらのポイントに共通することは、**「お客様を起点」に動きを考えていく**ということ。売り手主導ではなく、買い手に協調して動く。それを具体的に、どう動いていくのかがポイントになります。

この第2章では、お客様を起点に動くことをベースに、コロナ禍で生みだされたコンテンツを紹介していきます。実際に、このコンテンツを通して多くの方と一緒に実践して成果の出た方法ですので、みなさんも行動につなげていってください。

2 「コト視点」の発想はコロナ禍で充分に使える

❖──「コト売り」の考え方をコロナ禍でも使う

僕自身、17年間マーケティングコンサルタントとして「コト売り」を1500社以上の方々と一緒に実践してきました。

2020年3月から各地の各業界からお呼びがかかったときに、最初に、「これまでやってきたコト売りがコロナ禍で通用し、お役に立てるのか」ということを考えました。17年の間に、リーマンショックもありました。東日本大震災もありました。でも今回のコロナはそれ以上の危機でもあります。

経験したことのない状況になったときに、今までやってきたことが活かせるのか？

もし、活かせなかったら、すぐにでも別のことを考えないといけないとも思っていました。そこで、まずはしっかりと情報収集をして、個別のクライアントさんと試行錯誤しながら実践し、検証し、整理して、確認していきました。

コト売りが「今の時期に、活用できるか？　活用できないか？」

結果を先に言いますと、確実に使えます。そして、手法として使うよりも〝視点〟として活用していただくことで、より活用価値の高いものになることが見えてきたのです。

モノ視点ではなく、「コト視点」です。

❖――お客様の中にあるコトに目を向ける！

通常は、商品やサービスを売るために「モノ視点＝モノ起点」で考えてしまいます。そうすると、商品やサービス・スペック・価格を中心に売ろうという行動を起こすようになるのです。

しかしこれをすればするほど売れない、あるいは価格競争になる。

モノ余りの時代に、商品そのものやスペックを伝えても、お客様からはどれも同じよう

に見えて大きな違いはないためです。

こんなときこそ、根本的な視点を変えてみるのです。

「モノ視点からコト視点へ」！

コト視点というのは、人の中にあるコトに目を向けること。

人の中にある興味や関心ゴト、人の中にある不安や不満、不便に感じているコトに目を向けて、その「人の中にあるコト」に対して「できるコト」を考えて動いていく。つまり、役立つ存在になる。そうなると「意味ある存在」になります。

単なる「売り手」「買い手」という関係ではなく、互いに役に立つ関係です。

図表であらわすと、分かりやすくなると思います（左図）。

この図表の中でも、変化の時代に一番活用できるのが、線で囲んだ「人の中にあるコトに目を向ける」という部分です。

「価格とモノ」はセットで、「人とコト」がセットになります。そのうち「人とコト」に着目すると突破口が見えてくるのです。

もうひとつの「視点」を！

モノ視点

商品、スペックで売ろう

売れなかったり、価格競争

コト視点

興味のある人
不安を感じている人
不満を感じている人

ここに目を向ける！

売れる

3 コロナで、人は一つになった

❖要するに「コロナで苦しんでいる人はどう考えているか」を見ればいい

コロナ前は、消費者が個性化・多様化していると言われていました。個性化しているがゆえに、それぞれの人の中にあるコトを考えるのもひと苦労でした。

でも、コロナ禍に入り消費者が一つになったと感じています。逆説的ですが、コロナ禍が一つにしてくれたと言ったほうがいいのかもしれません。

日本全国の国民すべてが「コロナの影響を受けている人」という同じ状況になったのです。では、**コロナの影響を受けている人は、どんなコトに興味があるのか？　どんなコトに不安や不満、不便を感じているのか？**　を見ていけばいいのです。

シンプルでしょ。

自分の中にあるコトを引き出すシート

興味・関心ゴト	不平・不満・不便なコト

コロナの影響を受けている人（自分自身）

　そして、僕自身も、あなた自身も「コロナの影響を受けている人」の一人です。ということは、自分の中にあるコトに目を向けるだけでも見えてくることがあるはずです。

　ぜひ一度、このシートを使って自分自身の中にあるコトを書き出してみてください。

　いかがですか？　書き出してもらったでしょうか。その上で、次に進んでいきます。

❖緊急事態宣言下に思っていたことと変わったこと

こちらをご覧ください。

・自宅で過ごす時間が多くて困る
・運動不足で、健康が不安
・肩や首の凝りや目の疲れが気になり不安
・オンライン飲み会のとき、どうしよう
・日々のストレスを発散したい
・自炊率大幅アップで、もうイヤだ
・外出できないので、お取り寄せやテイクアウトで楽しみたい

これは、2020年4月の緊急事態宣言下に僕自身が思っていた興味関心ゴトや、不安不満ゴトの一部です。次の表が、そのとき書き上げたものです。

今の時点で、この本を読んでいるあなたの不安や不満に感じているコトや、興味や関心のあるコトと比べてみてください。4月に比べて、変わってきているコトがたくさんあると思います。**変わっていないコトにも気づくのではないでしょうか。**

緊急事態宣言下で、人の中にあるコトを考える

- ◉自宅で過ごす時間が多くて困る
- ◉運動不足で健康が不安
- ◉肩や首の凝りや目の疲れが気になり不安
- ◉オンライン飲み会のとき、どうしよう
- ◉ストレスを発散したい
- ◉自炊率大幅アップで、もうイヤだ
- ◉お取り寄せやテイクアウトを楽しみたい
- ◉洗い物が増えて手荒れが気になる
- ◉子供が時間を持て余してかわいそう
- ◉家族で楽しい時間を過ごしたい
- ◉生活が不規則になりがちで不安
- ◉健康意識が高まってきた
- ◉お風呂に長く浸かるようになった
- ◉体のメンテナンスになかなか行けない
- ◉学校が休みなので勉強が不安
- ◉髪が伸びて不潔な感じ……どうしよう
- ◉美容意識が低くなって、どうしよう
- ◉自宅で本を読んだり映画を観る時間が増えた
- ◉収入減なので節約したい
- ◉自宅をきれいに快適にしたい
- ◉知り合いの店を助けてあげたい
- ◉この時期に片づけをしたい
- ◉宅配を受け取るときジャージではイヤ
- ◉子供と一緒に遊びたい

4 「つながる」ための3つのキーワード

❖人はみんな不安や不満を持っている

このように、人の中にあるコトに目を向けてみると、たくさんの不満や不安を感じていることに気づきます。一つひとつに対応するのはちょっとむずかしいので、「基本的に変わっていないコト」に絞り込んでいくと、3つのキーワードが浮かんできます。

【免疫力アップ】
【ストレス解消】
【コミュニケーション】

この3つです。

これを、もう少し詳しく書いてみますね。

・免疫力アップ

↓まだ充分なワクチンも薬もないので、自分で自分の体を守る必要があるし、家族や大切な人の体を守ってあげたいから、誰もが免疫力アップには強く興味を持っている

・ストレス解消

↓働く環境、私生活の環境、学ぶ環境など様々な環境の変化により、自覚しているかどうかはその人によるが、かなりのストレスを感じている人が多いため、ストレス解消したいという興味関心が強くある。

・コミュニケーション

↓家族全員が家にいる時間が長いために、家族間や夫婦間のコミュニケーションの取り方がむずかしい。また、仕事では会って話すことが減ってリモートワークになり、上司や部下とのコミュニケーションや、仲間とのコミュニケーションなどに不安を感じている方が多い。

おそらく、この3つのキーワードで考えると、一人の消費者として考えてみれば「分かる！　分かる！」というものがあるのではないでしょうか。そして、自分自身の消費動向も、多くの場合3つのうちのどれかが関わっているはずです。

❖―3つのキーワードを商売のシーンに掛け合わせる！

実際にはもっといくつものキーワードがあると思います。例えば「癒し」や「子供の教育環境」なんかもそうかもしれません。

ですが、あまり多くても行動に結びつきにくいので、まずは明確なものを3つに絞り込んで行動していきましょう。

この3つのキーワードを、いかに今の商売に掛け合わせていくのか。

これが、今すぐできるコトになり、今「つながる」ための行動になります。

例えば、

・飲食店のテイクアウトに掛け合わせてみると、どうなるの？

コロナ禍での人の心の中にあるコト

◉商品
◉サービス
◉提供方法

×

◉ストレス解消
◉免疫力アップ
◉コミュニケーション

３つのキーワードを掛け合わせる

何をすべきかが見えてくる

・化粧品店のメイクに掛け合わせてみると、どうなるのかな？
・洋服屋さんの洋服に掛け合わせてみると、どうなんだろう？

という感じです。

これを考えていくことで、具体的な行動、もしくは準備に取りかかれます。

次のステップで、飲食店をモデルにして〝掛け合わせ〟を具体的に書いていきますね。

5 3つのキーワードの具体的活用法（飲食店の場合）

❖──例えば「テイクアウトやります！」だけでは長続きしない

【免疫力アップ】
【ストレス解消】
【コミュニケーション】

この3つのキーワードを、飲食店で掛け合わせてみましょう。

まずは商品やサービスの提供方法を顧客接点で考えてみてください。飲食店で考えてみると、以前は「店舗」が基本だったはずです。でも、自粛要請で「店舗」がむずかしくなり、「テイクアウト」「宅配」「通販」を、新たな顧客接点として考えられる方が増えたと思います。

でも、**テイクアウトや宅配などの手法を考えることは他の店舗も同じ**なので、新たにやってみたものの、気がつくとどこもかしこもテイクアウトをやっている。そうなると、差別化さえもむずかしい状態になります。

こんな感じのチラシや店頭カンバンがあっても、メニューが変わるくらいで、どこも同

テイクアウト
はじめました!
＜メニュー＞
ハンバーグ
からあげ
ステーキ
焼き魚
各800円
美味しいヨ

じになります。1回は買ってもらえるかもしれませんが、2回目、3回目となると「美味しいテイクアウト」だけではしんどくなる。ましてや「つながり」なんてつくれるわけがありません。

そこで一度、**テイクアウトという提供方法に、3つのキーワードを掛け合わせてみること**を考えてください。

テイクアウト×免疫力アップ＝免疫力UPテイクアウト

そうして、「免疫力アップのためのテイクアウト商品って、どんな工夫ができるかな？」と考えてみるのです。

❖──「テイクアウト」に3つのキーワードを掛け合わせてみたら……

「やっぱり免疫のことだから、できたら栄養士さんが監修したメニューがいいよね」

「野菜の種類が豊富なのもいいよね」

「免疫って笑うだけでも上がるから、そのあたりを工夫できないかな」

という感じです。そして、その工夫をしたメニューを、しっかりと店頭カンバンやチラシなどで伝えないといけません。それを簡単に書くと、左のような感じになります。

先ほどの文言と比べてみていかがでしょうか。

興味は湧きますか？　少なくとも免疫力を落としたくないなという人には確実に伝わるようになり、買う理由になるはずです。

ランチでも免疫up
栄養バランス整えて!!
①栄養士が考えた
②8種の野菜入り
③笑いの"ひとこと"
免疫up Lunch
テイクアウト 850円

❖――「テイクアウト×コミュニケーション」で考える

では、もう一つ別の組み合わせと工夫を考えてみましょう。

「テイクアウト×コミュニケーション」で考えてみたいと思います。

コミュニケーションには、職場のコミュニケーションもありますし、家族のコミュニケーションもあると思います。ここでは、**家族のコミュニケーションに絞ってみましょう。**

「テイクアウト×コミュニケーション＝家族団らんテイクアウト」と考えたとき、テイクアウトの商品にどんな工夫ができるかな？　と考えてみるのです。

そうすると、「やっぱり子供にはボリュームが大切だよね」とか「みんなで取り分けるのって楽しいよね」なんて思い浮かんできて、それをメニューに工夫してみる。

例えば、こんな工夫はどうでしょうか？

①大皿料理をみんなでシェアできる。
②食べ盛りの子供も満足なボリューム。
③しっかり栄養も考えて。

そうすると、チラシや店頭カンバンの文言は左のようになります。

このように、**提供方法や顧客接点（今回の場合はテイクアウト）**に**「3つのコトキーワード＝ヒトの中にあるコト」**を掛け合わせていくと、他店舗と差別化できるだけではありません。サービスだけでなく、工夫や付加価値が考えやすくなると同時に、伝え方にも差が出てくるのです。

たまにはママも楽チン
子供も大喜び!!
①大皿料理を楽しくシェア
②子供も満足なボリューム感
③栄養も考えて
家族団らんテイクアウト
4人分 3500円

6 さらに「人」を掛け合わせてみる

❖──コトにヒトを掛け合わせてみる

ここまでが、いわば「第1ステップ」。
第2ステップになると、さらに「人」を掛け合わせてみます。

例えば、オフィス街でのランチテイクアウトのサービスについて考える。男性もOLも
たくさんいます。その中で、一人暮らしのOLさんを思い浮かべてみてください。

・一人暮らしで、コロナの影響で最近は自炊が中心。
・でも、毎日手の込んだものはつくれない。
・ただ、栄養が偏ると免疫力が落ちて、コロナにかかりやすくなるのが心配。

コトとヒトを掛け合わせると……

◉商品	×	◉ストレス解消
◉サービス		◉免疫力アップ
◉提供方法		◉コミュニケーション

３つのキーワードを掛け合わせる

さらにヒトを掛け合わせる

◉商品	×	◉ストレス解消	×	人
◉サービス		◉免疫力アップ		
◉提供方法		◉コミュニケーション		

・コロナの影響で自炊が中心
・でも手の込んだものはつくれない
・ただし免疫力が落ちるとコロナにかかりやすい

テイクアウト×免疫力アップ×一人暮らしのOL

そこで新たな公式は、こちらです。

テイクアウト×免疫力アップ×一人暮らしのＯＬ

一人暮らしのＯＬさんの免疫力アップを考えると、テイクアウト商品にどんな工夫ができるかなと考えてみるのです。

例えば、一人暮らしのＯＬさんの栄養バランスを考えたメニューをこのような感じで店頭カンバンに書いてみるとどうでしょうか。

先ほど紹介した、単純なテイクアウトのメニューだけのカンバンと比べてみてください。

いかがでしょうか。

あなたが、もし一人暮らしのＯＬさんだったら、どっちを選びますか。

このように、商品やサービス、提供方法や顧客接点（今回の場合はテイクアウト）に「コト」と「ヒト」を掛け合わせていくと、さらに他店舗と差別化できるだけでなく、サービスに工夫や付加価値が考えやすくなると同時に、伝え方にも差が出てくるのです。

伝え方次第で、付加価値が違ってくる

テイクアウト
はじめました！

＜メニュー＞

ハンバーグ
からあげ
ステーキ
焼き魚
各800円

美味しいヨ

ひとり暮しのOLさんへ

ランチで栄養バランスを
整えましょう!!

✓栄養士が考えた
✓8種の野菜入り
✓不足しがちな栄養を

バランス
ランチ
TAKE OUT
850円

「売る」と「買う」の関係ではなく、**「一緒に栄養バランスを整えて、コロナを乗り越える」仲間になる**。こうして、一人暮らしのOLさんと、いろいろな会話をしていくと、さらに様子が分かり、困っていることが見えてくる。

そうすると「次は、○○してあげよう!」という、次の行動が見えてくるのです。

❖——お客様と〝どのように〟接していくかを考え抜く

【提供方法×3つのキーワード×ヒト】……これをカタチにして届けていく。

それを繰り返すことでお客様との関係性をつくっていくと、お客様の状況の変化や、興味関心ゴト、不安や不便を感じているコトがすごくよく見えてくるようになります。

こうして、**常にお客様と接点を持って、お客様の状況に合わせて変化していく**。

実は、これを基本に行動していったことを紹介したのが第1章の事例になります。第1章の事例を置き換えて確認していくと、このようになります。

・徹底的に「安心」を届けることで売れた小売店
↓店頭×コミュニケーション
・お客様にすぐに電話することで信用を得たガソリンスタンド
↓電話×コミュニケーション
・お客様に事前に手紙を出すことで予約が入った温泉旅館
↓お手紙×ストレス解消
・提供方法を本気で変えて大繁盛した飲食店
↓テイクアウト×ストレス解消or免疫力アップ
・伝え方を変えて売れ出した小売店
↓店頭×コミュニケーション
・アンケートを通してよく聞くことで売れ出した建材商社
↓アンケート×コミュニケーション

このように、まずは3つのキーワードを掛け合わせて考えてみてください。

❖——キーワードはいくらでもある！

最初はこれでOKですが、3つのキーワードにだけこだわり続けてはいけません。実践しているうちに、お客様が新しいキーワードのヒントをくれるはずです。するると、次のキーワードも見えてくるでしょう。**新しい商品やサービスにつながる可能性もあります。もしかすると、新しい業種が生まれるかもしれない。**

こうして、次の商売のカタチが見えてくるのです。

他にも、事例を紹介しておきたいと思います。

美容家の福井美余さんという方がいらっしゃいます。本も出版されていて、開催するメイク講座はいつも満席。1年以上先まで予定が埋まるという人気講師でした。でも、このコロナ禍で講座が開催できなくなり、すべてキャンセルに。

そこでオンラインのライブ配信に切り替え、コンテンツをすべて見直した。その見直しに、3つのキーワードを活用したのです。

たくさんの組み合わせを考えたのですが、一例を紹介しますね。

・ライブ配信×コミュニケーション×OL

公私ともに、OLさんのコミュニケーションが変わってきているので、それに合わせてライブ配信コンテンツを見直しました。

お客様とのやり取りから、オンラインやテレワークで顔を見せる機会が増えたことと、マスク着用でのメイクが増えたことが分かってきたので「**オンライン映えするメイク法動画レッスン**」や、「**マスク映えするメイク法　動画レッスン**」などをコンテンツ化してライブ配信へ！

・ライブ配信×ストレス解消×OL

環境の変化は多くのストレスにつながります。そのストレスは、もちろん肌にもかかってくる。それを考えてライブ配信のコンテンツに「肌ストレス0」をベースに「肌ストレス0のメイク術」「肌ストレスをリセットするケア」「日中の肌ストレスを0に戻してくれるクレンジング法」などをコンテンツ化してライブ配信へ！

・ライブ配信×免疫力アップ

同じように、「免疫力アップにつながる食事法」「免疫を落とさないライフスタイル」など自分自身が気をつけていることをコンテンツ化してライブ配信へ！

このように、キーワードを組み合わせてコンテンツ化したものをライブ配信していくと、視聴している方からコメントをもらったり、質問をもらったりしながら、たくさんの情報が集まってきました。

そこから、人気のあったものをバージョンアップして有料のオンライン講座にしたり、肌ストレス０がコンセプトの商品開発をして販売したりと、**コロナ前はリアルのメイク講座だけだったのにもかかわらず、見事に変化**をされました。

もう一つ、面白い事例があります。第１章でもご紹介した、関西を中心に30店舗を展開されているラーメンチェーン店の「塩元帥」です。

３つのキーワードのうち「免疫力アップ」を活用したカンバンがあります。

コロナで免疫力が
気になるあなたへ
もしかしたら…体力作りの
お役に立てるかも知れません
天然素材で
作ったスープ
完全な
自家製麺
すべてを
店内で作る
だから安心。
天然塩ラーメン 760円(税抜)

これを入り口近くの目の高さに掛けたところ、2カ月後売上げが大きく変わった。どうして、このカンバンから売上げアップにつながったのか。

・内容が良かったから?
・免疫力アップのキーワードのせい?
・自社の強みと合っていた?

これらも多少はあるかもしれませんが、**大きなポイントは「店長の意識が変わったから」**です。

それまでは、コロナ禍で落ちてくる売上げを何とかしないといけないという思いから、「売上げ」「金額」に目が行っていた。でも、コロナ禍で不安を抱えるお客様を見ていると、家族連れの方も、ご夫婦の方も、免疫力に関心があることを知りました。だったらということで、このカンバンを置いたのです。

このカンバンから、「売上げ」だけを意識していたのが、「ヒト」に意識が傾いたのです。

・お客様の困っているコトは？
・お客様の不安に感じているコトは？
・お客様の興味や関心ゴトは？

お客様に意識が向くと、自然と声掛けや接客、気遣いや心遣いも変わります。今まで、お客様に向かって「免疫力アップのカンバン」なんて考えもしなかったのが、「お客様は免疫に興味があるだろう。ならば、うちのお店のできるコトを書こう」となりました。

お客様に、どんなコトができるのか？

ここに意識が向いたとき、いろいろなことが変わり、もちろん売上げも変わっていったのです。

7 人の中にある「コト」に着目するとお客様とつながる

❖変化の時代だからこそ、つながるチャンス！

お客様から勝手につながってくれることはあり得ません。自分たちからお客様に寄り添い、つながりをつくっていくことが大切です。表面だけでなく、様々なことを「創造」していくのです。

その一歩として、人の中にある「コト」に着目するのです。

人の中にある興味や、関心を持っているコト
人の中にある不安や不満、不便を感じているコト

このように、**人の中にある「コト」に目を向けて、それに対して自分たちができるコト**

を考えて提供していくとつながりがつくれます。

そして、この人の中にあるコトは、コロナ禍でどんどん変化しています。

緊急事態宣言下のコトと、皆さんが書いてもらった現在のコトを見比べてもらうと一目瞭然だと思います。

変化の時期こそ、つながるチャンスです。刻々と変わる人の中にあるコトに着目して、できるコトを積み重ねていってください。

この時期だからこそ、新たなつながりができるはずです。

❖——これまでの経験則は通じないから、まず「やってみる」

コロナ禍で、いろいろな方に会ってお話を聞きますが、みなさん不安や恐れを感じています。もちろん商売自体も厳しい。緊急事態宣言が解除され、人や街が元に戻っても、先行きが見えないのです。

経営者の方は、現状を打破するためどっちに舵を切ろうか悩まれているのではないでしょうか。

でもね、どれだけ深刻に考えても、今回の場合答えは出ない。結局、動いてみないと分からない。**これまでの「こんなときは、こうしたらいい」なんていう経験則は通じないん**ですよね。

だったら、今までの経験に頼ることなく、自由な発想で考えてみる。

今の消費、今の社会、今のお客様をしっかり見る。

そして、精一杯できるコトを考える。

❖動いていると、できたときの「楽しみ」も生まれる

そうしていくことで「楽しみ」が見えてくるのだと思います。コロナ禍で僕と一緒に考え行動しているクライアントのスタッフさんを見ていると、すごく感じるのです。

最初は暗闇の中でも、手を取り合いながら一歩一歩進んでいくと、少し明かりが見えてきたとき「やった！」と同時に「よし！」という気持ちになるんでしょうね。

もちろん皆さん必死なんですが、ある段階から確実に「もっと楽しもうとしている」こ

とを感じます。これって、決して不安や恐れがないわけではなく、**その苦しみや厳しさを、楽しみに変換している**のだと思うのです。今だからこそ、楽しんでいきたいですね。

今を楽しめたら、もうコワイものなしです。

❖——こんなときだから一歩踏み出してみる

そうは言っても、人とつながるって、大変なことだと思うのです。つながっても、いつもいいことばかりじゃないし、うまくいくときもあれば、そうでないときもある。

でもやはり、人は一人では何もできない。手間がかかって大変ではあるけれど、**つながりの深さと広さによって、どんどんチャンスが広がっていく**のです。「売ってやるぞ」ではないのです。それではお客様も人も近づいてきてくれません。

自分の思いに賛同してくれる人たちの集まりからは、すごいパワーがもらえる。人とのつながりが連鎖し、気づいたら、大きな成果へとつながっていくのです。

だからこそ、この時期に大きく一歩踏み出してみる。その一歩が、今までにない未来をつくってくれるのです。

❖──変わらざるを得ない業種のほうが、むしろチャンス！

コロナ禍で、どんどん変化していく企業や人を見て、つくづく感じます。

「外からの圧力によって、会社は大きく変化する」と。

外からの圧力とは、ビジネスの環境や景気、お取引先の倒産や廃業など。強制的に環境が変えられ、変化しないといけない状況になったのです。

例えば、インバウンドのお客様を中心に商売をしていた飲食店や宿泊業の方。あの「星野リゾート」の星野さんでさえ、今後はインバウンドだけに頼らずに、バランスよくお客様と接していかないといけないと言われていたのが印象的です。

僕は、変わらざるを得ない業種業態のほうがチャンスなんだと思います。逆に何とかやっていける業種や業態は、せっかくのチャンスを逃すことになるかもしれません。

それは「何とかやっていけるから」です。

コロナでも何とかやっていけるということは、意識的に変わろうとしない限り変革できないわけです。

今までも、こんなことはありませんでしたか？

・年々、少しずつ売上げが減ってきている
・利益がなかなか取れなくなった
・今のままでは10年後はないと分かっているんだけど
・「でも、今現在どうにかなっているから」

――こんなこと、なかったですか。そしてそのままやってきたということが。
だからこそ、大きく変わるチャンスが、今ここにある。
本当にそう思います。

「コロナは、僕たちにメッセージを送ってくれている！」
「だったら、思いっきり変えよう!!」

そう考えてみてください。そして行動してください。
そのキーワードが、これまでお伝えしている「お客様とつながる」なのです。

8 つながれば売れる……お客様との「関係性」を見直そう

❖今は「まずできること」に集中すべし

お客様とつながるための動きや考え方についてここまで書いてきました。こうした動きと考え方で確実にお客様とつながっていきます。

ここまで、お伝えしたように、**つながることは結果的に売れるだけでなく、未来も創造していきます**。お客様との関係性を見直すことにもなります。

そのお客様と緊密な関係にあるのか。

これまで何とかなってきても、こういう危機的状況では、お客様と本当の意味で「親しい」関係を築いているかどうかが大きなカギになります。

コロナ禍でもしっかりと動き、きちんと商売をされている経営者の方と話をしていると、すごく似通っているところがあって、それをコトバにするとこうなります。

「戦略は考えず、今は戦術レベルを実践しまくる」

例えば、経営計画の立て直しなど、大きな方向性を決めたとしても、刻々と状況は変化していき、どこでどうなるか分からない。だからこそ、「今できること」に集中し、人を見て、人にできるコトを行動しまくる。

❖戦術レベルを続けていれば大きな方向性も見えてくる

そうしているうちに、大きな方向性は必ず見えてくる。なぜなら、結果的には「つながりが売上げをつくってくれる」からです。

だからこそ、**今は顧客に寄り添い、顧客のココロに耳を傾け、まずは戦術レベルでできることに集中する。**これは、本当に大切なことだと実感します。

業界全体が売上げ半分以下になっているときに、戦術と行動を重視している会社やお店が、今この時期も売上げを落とさずにやっているのが一つの答えです。いろいろな業種や業態を見せてもらえるからこそ、本当にそう思います。

しっかりとお客様とつながっている会社やお店は、独自の売り方を展開しています。そんな会社やお店の姿を見ると、

「つながりは確実に創造できる」

と実感するのです。むずかしいことではない、と。このとき大切なのが、「何を（どういうことを）キーワードにしてつながるか」です。

第3章では、実際にどんな会社が、どんな独自のつながりを持ち、どのような独自の売り方をしているのかを見ていきましょう。

第3章

ずっと「つながる」ための6つの事例

長く続く「つながり」をつくるには、
何をキーワードにして、強固な関係を築いていくか

1

価格競争の激しい業界で価値を生み出し、10年以上平均8％の成長

産業用クリーニング　エスオーシー

❖ずっとつながってこそ意味がある！

お客様に近づく手法を見てきました。

しかし、お客様と強固な関係をつくるには〝ずっと〟つながらなければなりません。

強い〝関係性〟を築いていると、もしものときでも乗り切ることができます。

では、ずっと「つながる」ためにはどうしていけばいいのか。それは、コロナ禍でもファンに支えられているお店や会社を見ると大きなヒントが得られるのです。

どのお店や会社も、独自の売り方をしていますが、その根底に流れていることは同じ。

この「根底に流れていること」は何かを考えながら、次からの事例を見ていってください。

❖――個人向けクリーニングから産業用クリーニングに転換したが……

大阪の岸和田に「株式会社エスオーシー」という、産業用クリーニングの会社があります。主な取引先は病院です。この10年で売上げ2倍、10年以上安定成長を続ける元気な会社です。

実はエスオーシーは、産業用クリーニングの他に、個人向けクリーニング店を100店舗ほど経営していました。でも家庭用洗剤の性能が上がり、クリーニングに出す人が減り、単価も下がっていく……。そこで先代が大きな決断をされます。それが、個人向けクリーニングから撤退し、産業用クリーニングへ集中することだったのです。

先代は、個人相手に手間暇かけてやってきたことを考えれば、産業用クリーニングは手間も少ないだろうし、病院や工場は潰れることもないから安泰だと思われたのかもしれません。ところが、病院や工場に訪問したところ、すぐに目論見が外れます。

産業用クリーニングは、個人向けクリーニングと比較にならないくらい価格競争が激しく、しかも巨大企業がしっかりと入り込んでいたのです。

どこを回っても「うちは、クリーニングは間に合っているから」「業者さんは変える気ないよ」と言われる。少し話を聞いてくれたかと思うと「1着のクリーニング、いくらにできるの？」「今よりも値段下げられたら考えるよ」といった料金の話ばかり。

どうしたらいいのか悩み、価格競争をしながら、少しずつ得意先を増やしていったときに、先代の息子さんである現社長が会社に入ってこられます。

❖品質は当たり前。売るのは「ひと手間」

現社長の善野さんは、最初は集配業務から始め、営業になって得意先を回り始めたときにある声をお聞きします。そこから流れは変わってくるのです。

そのときのことを、自社を紹介するためのリーフレットでこう振り返られています。


クリーニング品質は当たり前。それ以外で選んでいただくために。


こんにちは。株式会社エスオーシー代表取締役 善野謙一です。

家業に戻って19年。代表に就任して10年になります。

家業に戻ってきて、工場集配を経験して営業に移りました。そんな中で、訪問先のお客様から「ユニフォームが返ってこない」「探すのに時間がかかる」という職員さんからの声を減らしてもらえないかと相談を受けました。最初はムリだと思っていましたが、何とか出来ないかと社内で試行錯誤しながら、各個人のロッカー上に直接納品するというひと手間を私達がかけることで、職員さんからの声が減り、逆に「ありがとう!!」の声をいただけるようになりました。

この経験から、私達がひと手間かけることで、お客様のお困りごとを減らせることを知り、**「エスオーシーはクリーニング品質は売らない。クリーニング品質は当たり前。それ以外で選んでいただこう」と決心したのです。**

それ以降、ICチップによる個人管理の強化、Webシステムの開発、社員による集配等を知っていただくことで、たくさんのお客様に取引していただけるようになりました。

現在はユニフォームだけでなく、オペリネン・私物洗濯・タオル類・カーテン等幅広くクリーニングできるようになりましたが、どのアイテムも想いは一つ。

「弊社がひと手間をかけることで、お客様の手間をどれだけ減らすことができるのか?」

この想いを大切にしながら、これからもお客様とお付き合いさせていただこうと思っております。

エスオーシーのリーフレットより

クリーニングの品質は当たり前。それ以外で選んでいただくために。

ひと手間かけて、ふた手間へらすお手伝い

こんにちは。株式会社エスオーシー代表取締役 善野謙一です。

家業に戻って19年。代表に就任して10年になります。

家業に戻ってきて、工場集配を経験して営業に移りました。そんな中で、訪問先のお客様から「ユニフォームが返ってこない」「探すのに時間がかかる」という職員さんからの声を減らしてもらえないかと相談を受けました。最初はムリだと思っていましたが、何とか出来ないかと社内で試行錯誤しながら、各個人のロッカー上に直接納品するというひと手間を私達がかけることで、職員さんからの声が減り、逆に「ありがとう！！」の声をいただけるようになりました。

この経験から、私達がひと手間かけることで、お客様のお困りごとを減らせることを知り、「エスオーシーはクリーニング品質は売らない。クリーニング品質は当たり前。それ以外で選んでいただこう」と決心したのです。

（中略）

現在はユニフォームだけでなく、オペリネン・私物洗濯・タオル類・カーテン等幅広くクリーニングできるようになりましたが、どのアイテムも想いは一つ。


「弊社がひと手間をかけることで、お客様の手間をどれだけ減らすことができるのか？」

この想いを大切にしながら、これからもお客様とお付き合いさせていただこうと思っております。

少し補足しながら詳しく話していきますね。

通常、クリーニング業者の仕事とは——。看護師さんの更衣室に番号が付いたユニフォームをハンガーラックに掛けて置いておきます。番号1は佐藤さん、番号2は山下さんなど、誰がどの番号かは決まっています。ハンガーに掛けておくと、集荷日には業者がハンガーラックごと引き上げ、翌週にはクリーニングした状態で同じようにハンガーラックに掛けられ戻ってくるというカタチです。

もちろん番号を間違えることなく正確に戻すわけですが、病院の職員は忙しいので実際にはユニフォームの取り違えや紛失が結構あります。でも、これは病院側の問題で、クリーニング業者の問題ではありません。

だから、業界でも問題視されていませんでした。しかし実際には「ユニフォームが戻ってこない」「探すのに手間がかかる」などの課題を、病院側は抱えていたのです。

この相談を受けた善野さん。この業界に染まり切っていたら「それは仕方のないことですね、病院側の問題です」と言っていたのかもしれません。でも、異業種から入ってきて営業に着任したばかりの善野さんは、「何とかできないものか」——と会社に戻り各部署の担当者と相談し、方法を編み出します。
それが「ロッカー上納品」というサービスなのです。

まず、看護師さんのロッカーの上にカゴを設置し、看護師さんには自分のユニフォームを専用の集荷ボックスに入れてもらいます。そこからきちんと集荷し、3日後には各個人のロッカーの上のカゴの中に納品するサービスです。

つまり手間をかけずに預かり、個人に直接返すので、取り違えや紛失が格段に減ります。

このサービスを提案したところ、最初は「本当にできるの？」と病院側も半信半疑でした。それでも、何とかできる方法を探しやってみたところ、想像以上に喜んでもらえたのです。意外と、ユニフォームの紛失って病院にとっては大きな課題だったんですね。

❖個人向けのクリーニング店でもあったからできた

元々エスオーシーは個人向けのクリーニング店をしていたので、個人から預かり、個人に返すのが当たり前でした。創業から「何かできることを探そう」と話をよくお聞きし、何でも一度は持ち帰り検討することを徹底していたこともよかったのかもしれません。

社長の善野さんは、**「クリーニングの品質は正直どこも同じ。プラスαをつくることを考えないと選ばれない」**とずっと思っていたそうです。クリーニング品質は当たり前。それ以外の付加価値を求め、お客様の声を聞いて回っていたのです。

こうしてできた「ロッカー上納品」というサービスは、エスオーシーのその後の飛躍にもつながります。**「弊社がひと手間かけることで、お客様の手間をいくら減らすことができるのか」**これが大きなポイントだと気づくのです。

・ユニフォームを探す手間
・未返却の問い合わせの手間
・ヘルパーさんが配布する手間
・名簿合わせの手間
・股下加工の手間

などなど。様々な手間をお聞きし、できる方法を考え、提供していったのです。

手間をお聞きしていくと、病床数３００床前後の病院が、人員不足もあって手間が多いことに気づきます。そこで、訪問先を、困っている病院に集中させてどんどんお役に立ち、喜ばれていくようになったのです。

❖——300床前後の病院と〝手間〟でつながる

エスオーシーを見ていて気づくことがあります。漠然と訪問したり、電話したり、御用聞きの営業だけをしていてもつながりはできません。でも、**意図を明確に持つと行動が明確になり、お客様としっかりした関係をつくり上げる方策が見えてくる。**

・誰と＝300床前後の病院さんと
・どんなつながりをつくるのか＝手間でつながる

これを明確にすると、お客様との接し方も明確になってくるのです。

そして結果的に、こうして動いてきたエスオーシーは、今では500床近くの病院でもお役に立っていますし、ユニフォーム以外の分野でもお役に立っています。

「手間をかけることでお客様の役に立つ」——コロナ禍においては手間が増える一方の病院では、エスオーシーの存在がどれだけ大きかったか言うまでもありません。手間をかけるということは、お客様の手間を省いてあげることなのです。

❖――長年続けてきた強い関係性は簡単には真似されない

ここで、疑問を持たれた方もいるかもしれません。

「そのサービスは真似されないの？」

「値段を安くすれば終わりじゃないの？」

というもの。でもね、これが意外と真似できないものなのです。

実際にやってみると、カンタンではなくいろいろな工夫が必要になってきます。だから、競合他社が安易に始めてもクレームが来るだけ。エスオーシーには、長年築いてきた、病院とのつながりがあります。事務部長や看護部長をはじめ、病院で働くスタッフの方々に耳を傾け、いろいろな相談を受け、それを実現させてきた「きずな」があるのです。

実は、サービスや価格以上に、この「きずな」がエスオーシーを選ぶ理由になります。だって、**モノの売り買いの付き合いではなく、手間をかけることによって、相手の手間を省く**のです。

いわば「手間」というキーワードでつながってきたのですから。

2

「ブランディング」でつながり、10年で利益10倍に！

ドア専門メーカー　神谷コーポレーション湘南

❖ OEMから自社製品開発へ

神奈川県横浜市に「神谷コーポレーション湘南株式会社」という、室内ドアの専門メーカーがあります。僕が最初にこの会社のことを知ったとき「室内ドアだけをされているのですか？」と聞いたことを思い出します。

ちなみに、あなたは家を建てるときに「室内のドア」をどれだけ重要視しますか？　おそらく、キッチンやリビングなどはこだわると思いますが、それほどドアにこだわりはないかと思います。実際2004年に調査会社がアンケートをしたところ、「家づくりの30のパーツの中で、どのパーツにこだわりますか？」という質問の答えのうち、室内ドアは

27番目だったそうです。

もし、あなたがその「室内ドア」を扱っている会社だとしたら――、

「ドアなんて工夫のしようがないじゃないの」

「誰も選ぼうとしてないし」

「ただのパーツだし」

こう思ってしまうかもしれません。でも、そんな室内ドアを製造するメーカー各社のうちで、唯一違う会社が、この神谷コーポレーション湘南なのです。

室内ドア専門のショールームを全国に持ち、**そのショールームにたくさんの施主さんが見学に来て、家を建てている工務店に「このドアにしてほしい！」というドアの指名買いが起こっている**のです。

僕は聞いたとき、にわかには信じられませんでした。

もちろん、今はクライアントさんとしてお付き合いするようになり、聞いていた内容以上でまた驚いています。

「自分の家に絶対ほしいドア」
「人に自慢したくなるドア」
「家の格式を一段上げてくれるドア」

正直、室内ドアでもこんなコトができるのだと、勇気をもらえます。

そもそも、そんなにこだわりを持つようなものでもなく、こだわりをつくり出せるパーツでもなかった室内ドア。

実際に神谷コーポレーション湘南でも2004年までは大手住宅メーカーのOEM（相手先ブランド製造）生産だけをしていました。言われたままを、言われた通りにつくる。そこにはオリジナル性もなかった。でも、年々住宅メーカーからの値下げの要望がきて、10年先を考えると「今」決断しないといけない状況になったのです。

そこで、現社長の神谷さんは、一気に路線変更に舵を切ります。ＯＥＭをやめて、自社ブランドの確立へ。とはいえ、こだわりを持てないパーツである室内ドアで、そんなことができるのか？　その当時は、社員ですら誰もできると信じていなかったと言います。

神谷さんは自社商品開発に向けてアンテナを張っていきます。**ただ単に開閉するだけのドアから、付加価値を持ったドアへ。**ドア専門のメーカーだからこそできるコトがあるはずだと信じ、カタチをつくっていくのです。

「ブランディング」とは、ただの商品ではなくブランドを消費者に認知させ、市場における自社（商品）のポジションを明確化することです。分かりやすく言うと、「○○といえばあの商品」「このシンボルマークはあのサービス」……といった意識をお客様に浸透させるのがブランディング。

簡単なことではありません。

自社商品をつくりブランディングをすると決めたとき、通常売る相手（ここでは工務店さん）に対してブランディングをしていきます。このとき神谷さんは**ドアを使ってもらうのは施主さんだから、施主さんに向かってブランディングをする**ことを譲りませんでした。ここが大きなポイントになっているのです。

工務店がどれだけドアを気に入っても、施主さんに気に入ってもらわないと意味がない。大手メーカーのＯＥＭのときに培った経験をすべてリセットし、日本の室内ドアの概念を覆すべく世界に出て、ヨーロッパを中心に様々な商品を研究しました。

世界に出て気づいたのは、単なるデザインの良さや表現の魅力だけでない、しっかりしたコンセプトのあるモノづくりでした。そして、試行錯誤の末に行き着いたのが、**ドアがあるだけで空間が変わる「空間演出のできるドア」**だったのです。

ドアで空間が変えられるのか？　と思われるかもしれませんが、ここまでもっていかないと意味がないと考えたのです。そしてコンセプトが明確になったときに様々な情報が集まり始め、高さが天井まであり、枠もなく、スッキリとしつつも圧倒的な存在感のあるフルハイトドアにつながっていくのです。

施主さんに直接見ていただけるようにと、横浜をスタートに室内ドアだけのショールームもつくっていきました。

「ドアだけのショールームなんて、お客様が来るの？」と思われる方も多いのではないでしょうか。でも、実際に来るのです。今では、施主さんが直接見に来て、ドアを選び、依頼している工務店に「このドアを家に欲しい」と言っていただけるケースもかなり増えてきているのです。そうして、全国にもショールームをつくり、今ショールームの入り口には、次のページのようなメッセージボードが掲げられています。

❖──地域の工務店に「一緒にブランディングを」と呼びかける

こうして、ブランディングされた室内ドアとそのノウハウを通して、「小さな工務店のブランド化の一歩にしてください」と工務店に伝えていったのです。一緒に取り組んだのは、地域の優良な小さな工務店です。

「大手のハウスメーカーよりもいい家をつくる自信があるのに、どうしても信用で負けてしまう」そんな工務店に、一緒にブランディングしていきませんかと投げかけたのです。

2004年当時は、多くの小さな工務店が苦しんでいました。ローコスト住宅という坪単価を押さえてつくる低価格の住宅に移行して当初は売れたものの、多くの工務店がローコスト住宅になるにつれて更なる価格競争になってきたのです。

27番目からの逆襲

2004年、家づくりしている人にこだわる30のパーツを聞くと
室内ドアはなんと27番目。
残念ながらこだわって選ぶ程のものではなかったのかも
しれません。

わたしたちは室内ドア専門メーカーだからこそ、暮らしの中で
毎日触れる室内ドアができることはないかと考え続け、
生まれたのがフルハイトドア®です。
その結果、ドアだけのためにショールームへ足を運んで
いただけるまでになりました。
ただ開閉するだけのドアから、生活を豊かにするドアへ。
ちょっと視点を変えて楽しい未来を想像しながら、
快適な室内空間を体感してください。

たかがドアから、だからドアへ

わたしたちは家づくりの視点を変え続けます。

神谷コーポレーション 社員一同

売れなくなってきたどころか、坪単価を低く設定しているので、付加価値をつけようと思っても資本がない。これ以上価格を下げることもできない。どうしたらいいのか分からないという状況でした。

しかし、神谷コーポレーション湘南は、工務店には商品売り込みの営業は一切しません。**小さな工務店に向かって「大手に負けないためのブランディングセミナー」というセミナーの案内を出し、**そこに興味を持ってくれた方と積極的にコンタクトを取りました。

自分たちがブランディングしてきたノウハウと、そこから生まれた商品を使って、大手ハウスメーカーにはできない家づくりの提案、そして施主さんに喜ばれながら坪単価アップにつながる方法を一緒に考えつくり上げていったのです。

こうしてつながっていった工務店は、売れるだけでなく坪単価がアップし、それ以上に施主さんに喜ばれる家づくりをしていけるようになったのです。

❖――あえて大手工務店とは組まなかった

神谷さんがパートナーとして選んだ工務店は、年間着工棟数10棟以下の小さな工務店です。小さいけど施主さんのコトを考え、いい家をつくっている工務店さんでした。

通常、大きな工務店やハウスメーカーとの取引を考えることが多い。取扱件数が大きいので1社と契約できればたくさんの売上げが見込めるからです。でも、神谷さんはその選択はしなかった。どうしてか？

「商売を対等にしたかったから」だそうです。

大手と取り組むと、大手の言う通りにしないといけない。そんなOEM時代の経験から、一緒に成長していける先として選んだのが小さな工務店だったのです。

実際に小さな工務店など、メーカーや問屋は見向きもしません。そしてローコスト住宅にして追い詰められて一番困っていたのも小さな工務店です。

そんな工務店にとって、神谷コーポレーション湘南の存在はどんなにありがたかったか。大変なときに、一緒に考え成長していくパートナーがいてくれる。その存在に、どれだけ勇気づけられたことでしょう。

名前が売れてくると年間着工棟数2000棟以上のハウスメーカーからも依頼が来まし

たが**「うちで扱ってやるから、安く卸してほしい」なんて要望は、すべてお断りしたのが**この会社のスタンスを物語っています。

そこで、つながりが生まれるのは当たり前のことと言えば、当たり前。

・誰と＝年間着工棟数10棟以下の工務店と
・どんなつながりをつくるのか＝ブランディングでつながる

神谷コーポレーション湘南は、年間着工棟数10棟以下の工務店と「ブランディング」をキーワードにしてつながってきたのです。

そして、それは「施主さんに、豊かな暮らしを提供するため」なのです。

こうなると、もうドアの売り買いだけの付き合いではありません。**一緒に手を組み、施主さんにどれだけいい家をつくり、豊かな暮らしを提供できるかという仲間になる。**ずっとつながって、一緒に成長していく仲間となるのです。

コロナ禍では、工務店さんから、様々な情報が集まります。

「契約をいただいている施主さんと、会って打ち合わせができずに困っている」
「ゴールデンウィークに集客イベントができずに困っている」
「中国からの資材が入ってこなくて、困っている工務店がある」

といった、工務店のお悩みや課題もありますし、

「施主さんからリフォームの依頼がきている」
「キッチンの入れ替えの相談が増えてきた」
「鎌倉や湘南、軽井沢などの避暑地の住宅需要が増えている」

のような、施主さんの情報も集まってきます。このような声を聞き、神谷コーポレーション湘南のスタッフの皆さんは、日々できることを考えて、例えば――、

「Zoomを活用して、施主さんと打ち合わせができる方法を考え提供する」
「オンライン集客イベントの開催」
「施主さんが集まるイベント」

「施主さんへの新たな付加価値サービスの展開」
「設計事務所へのアプローチ」

などを、次々と具体化し提供していっているのです。**誰と何でつながるかが明確になると、どんどん情報が集まり、できることが増えていきます。**

エスオーシーも、神谷コーポレーション湘南も、BtoBの商売をされているところを紹介してきました。エスオーシーは、完全なBtoBですので、お客様である病院と「手間」でつながることをされてきました。

神谷コーポレーション湘南は、BtoBtoC（メーカーto工務店to施主）です。先にC（施主さん）にブランディングでアプローチして、それをB（工務店さん）に活用したケースになります。

同じBtoBの商売でも、少し違った事例を紹介してきました。ここで、BtoCの事例も紹介したいと思います。

3

「子育て」でつながり、撤退が相次ぐ業界で快進撃

子供服リユースショップ　ポストアンドポスト

❖厳しい子供服リユースショップ業界で独自の展開

博多に子供服リユースショップを3店舗展開する「ポスポス」というお店があります。もちろん、コロナ禍でも大繁盛しているのですが、実は、子供服のリユース市場というのはメチャクチャ厳しい状況にあるのをご存じでしょうか。

リユースショップ（リサイクルショップ）も、今は様々な種類の専門店があります。ゴールド（金）や宝飾関係専門のリユースショップ、ロレックス専門のリユースショップ、工具専門のリユースショップなどがそうですが、子供服専門のリユースショップは、とくに厳しい状況で、誰も新規出店しないのです。

なぜかというと、メルカリなどC to Cの商売が一番幅をきかせているのがこの子供服の中古品だからなのです。

消費者にしてみれば、売るほうは高く売れて、買うほうは安く買うことができる。そりゃ、モノを買うだけだったらそのほうがイイじゃないかというのが本音だと思います。なのに、なぜポスポスは繁盛し続けることができるのか？

それは、何か独自のものがあるからに違いありません。

そして、もう一つ。リユース業界の全体の課題として「未利用客の獲得」というものがあります。

リユース業界がスタートして約30年、リサイクルショップのことをほとんどの方が知っているけど、実際に利用している人は全体の40％弱だと言われています。その40％を食い合うのではなく、残り60％の未利用客にどうして利用してもらうかを考えないと業界の未来はないよと言われているのですが、これがなかなか増えていかない。

ところが、**ポスポスの利用者の85％はリユースショップ未利用客**だというから驚きです。

「リユースショップというのは、中古品だから安い」

「小さな子供は、すぐに大きくなるので中古でいい」


そんな、安さや品揃えで買われる方が多いらしいのです。でもポスポスは違います。ポスポスのお客様は、子供への教育も含めてポスポスを利用しているのです。

この部分を少し掘り下げていきます。

❖——子供に優しいリユースショップを目指して

ポストアンドポスト株式会社の社長である吉田さんは、自分の子供が生まれたときに子供の将来のことを考え直したそうです。この子が20歳になったとき、日本はどうなっているのか？　環境はどうなっている？

そして、何かできることはないかと考えたときに、日本全体で廃棄処分されるモノのあまりの多さに驚きます。**物を買っては捨てる生活に大きな不安を感じ、子供の服を求めてリユースショップを回った**と言われます。

「循環」「もったいないの心」そんなことがとっても大切に思えて、それにリユースはピッタリ当てはまると思ったから。

でもリユースショップを回ってみると、乱雑に服が置かれていたり、少しニオイが残っていたり、とても大切な子供に着せられるような状況になかった。それでも探し求めて県外も回ってみたものの、思ったようなショップがなかったので、自分でやるしかないと思って創業されたのです。

ポスポスの店舗の窓には、このようなメッセージが書いてあります。

> 捨てない。大切なこの子のために。
> 捨てない。地球の環境のために。
> 捨てない。１００年後の未来のために。
> あなたの選択で、世界は変わる。
> 「捨てずにつなぐ=リユース」で豊かな暮らしを。

ポスポスのショーウインドウ

この思いをしっかり体現している！

このコトバで、他との違いが明確に分かるかと思います。そして、この思いをしっかり体現しているのが素晴らしいところです。

例えば、ポスポスは絵本やおもちゃも取り扱っているのですが、どんな単価の低いおもちゃでも**「子供が口に入れても大丈夫なように」買い取ってからしっかり手入れをします。**店内はすごく清潔で、洋服などはサイズごとに細かく分かりやすく並んでいるのも印象的です。

そして、これらは決してマニュアルではありません。スタッフそれぞれが自分たちのやっていることの意味を理解し、それにはどうしていけばいいかを考え行動しているのです。

もちろん、各コーナーの案内や、ＰＯＰなども表現が変わってきます。例えば、**絵本のコーナーには「広い世界を旅して、豊かなこころを」と書かれていますし、くつのコーナーには「これからの80年を歩む足」と書かれています。**

そして、男の子のおもちゃの棚のＰＯＰには「パパとの休日が何倍も楽しくなる」と書かれていたりするのです。このように各コーナーには、子供にとって何のためのものなのか、どんな意味合いがあるのかが書かれているのです。

❖――ポスポスは「リユースの店」ではなく「子育ての店」です

そしてポスポスは、自分たちのことを子供服のリユース専門店だと言いません。ポスポスは「子育ての専門店」なのです。だからこその決め事があります。

・6年間、あなたの子育てのそばに（子育てで大切な6歳までのお付き合い）

ポスポスは子育ての専門店。出産準備品から、大型ベビー用品、子供服におもちゃまで、成長とともに必要なあらゆるものを幅広く取り扱っています。

・ママの気持ちを考えて作りました

店内は1万6000点以上の品揃え、そのサイズやカテゴリを細かく分けて見やすく工夫。安心してお買い物できるようキッズスペースや、貸出ベビーカーをご用意しています。男性も育児をするようになったとはいえ、一般的にメインは「ママ」です。

・徹底的にケアをして、次の持ち主へ

店頭で買取したものはリボーンセンターへ。専任ケアスタッフが、一つずつ、細かい汚れまでていねいに取り除き、新しい命を吹き込みます。

そしてまた次の持ち主へつなげていきます。

この思いと、その思いから生まれる行動に、お客様は共感し、ずっと付き合っていきたいと思うのです。だから**ポスポスには、単に安くて便利な子供服を買いに来ているのではありません。子育ての考えに共感し、この店を利用することで「子育て」につながると考える方たちがいらっしゃる**のです。

それが結果的に、リユース未利用の方が85％を占めることになるんですね。

・誰と＝6歳までの子供さんを持つママと
・どんなつながりをつくるのか＝「子育て」でつながる

ポスポスとお客様は、「子育て」という独自のキーワードでつながっているわけです。

ポスポスは「子育ての専門店」

6年間、あなたの子育てのそばに。

ポスポスは子育ての専門店。出産準備品から、大型ベビー用品、こども服におもちゃまで。成長とともに必要なあらゆるものを幅広く取り扱っています。

ママの気持ちを考えて作りました。

店内は1万6000点以上の品揃え。そのすべてのサイズやカテゴリを細かく分けて見やすく工夫。安心してお買い物できるようキッズスペースや、貸出ベビーカーをご用意しています。

徹底的にケアをして、次の持ち主へ。

店頭で買取したものはリボーンセンターへ。専任ケアスタッフが、ひとつずつ、細かい汚れまで丁寧に取り除き、新しい命をふきこみます。そしてまた次の持ち主の元へつなげています。

❖——コロナ禍で始めた「インスタ」配信

コロナ禍でポスポスは、インスタのライブ配信を始めました。感染リスクがある小さな子を連れて来店してもらうのは忍びない。でも、生活の変化でいろいろな商品が必要になっているかもしれないと思い、「まずはやってみる！」ということで始めたのです。

決して、「来店してもらえないから売上げが欲しい」のではありません。

インスタのライブ配信自体は、流暢なしゃべりではなく、決してスムーズな流れとは言えません。しかしながら、見ているお客様が楽しみながら買い物をしていく。そこには、店に対する深い信頼感があります。

ここで考えてみてください。同じような子供服のリユースショップが苦戦しているのに、どうしてポスポスだけが繁盛するのか？　やっていること自体は同じ（子供服を買い取り販売する）なのにもかかわらず、どうしてここまで差が出るのでしょうか。

それは**「動機」が大きく関わっている**のです。

「お客様を喜ばせたい」「お客様を楽しませたい」という動機による行動と、「これで売れているのならオレも！」という動機による行動。行動は同じでも、成果は大きく変わってくる。そういうことではないかと実感するのです。

実際に、他のリユースショップと比べても、とくに変わったことをしているわけではあ

お客様を集めるには「動機」がポイント

	A社	B社
成果	◎	？
↑		
行動	行動は同じでも。	
↑		
動機	お客さんを喜ばせたい	これ、当たっているみたいだし……

行動は同じでも動機しだいで成果は大きく変わってくる

りません。でも、ポスポスは繁盛し、利用客の85％はこれまでリユースショップを使ったことがない人が占めるのです。

さて、ここで一つ質問です。あなたが子供服のリユースショップを経営していたとします。そこで、このポスポスの話を聞いたとしてください。

あなたは、どう考え、どのように行動しますか？

思考1：具体的には、どんなコトをしているのだろうと考える
行動1：それを聞き、同じ行動をする

思考2：なぜそんなことをしているのだろうと考える
行動2：考え方（動機）を学び、自分なりに考えて行動する

さて、行動も思考も、1か2か、あなたはどちらを選びますか。

もうお分かりの通り、一つの事例に対しても、どう考え、どう行動するかで成果が大きく変わってくるのです。

ポスポスは、売れるために子育て専門店をしているのではなく、「素敵な子育てをするには、どうするか」というキーワードでお客様と結びついています。そして、その思いや行動に共感している人が集まり、結果的に売れるという状況をつくり出しているのです。

ポスポスの吉田さんは、売るためにやっているわけじゃなく、この思いをカタチにしたくてやっているのです。

こうしてカタチづくられたお店は、スタッフ（人）を通して、人（主としてママ）へと自然な形で広がっていきます。そこに強い「つながり、関係性」が生まれ、お客様を「買い手」ではなく、「子供の未来を創るパートナー」にしていきます。

これが、「ポスポスのお客様の85％がリユースを使ったことのないお客様」だという秘密とも言えるのです。

独自の思いは、独自の売り方をつくり、お客様と独自の関係をつくり出す。そして、結果的には新しい市場を創造することにもなるのです。

ぜひポスポスの事例を参考にしながら、**どうしたら儲かるかでなく「どうしていきたいか」。誰と、どんなつながりを創造していきたいか**を考えていってみてください。

ポスポスの考え方とは？

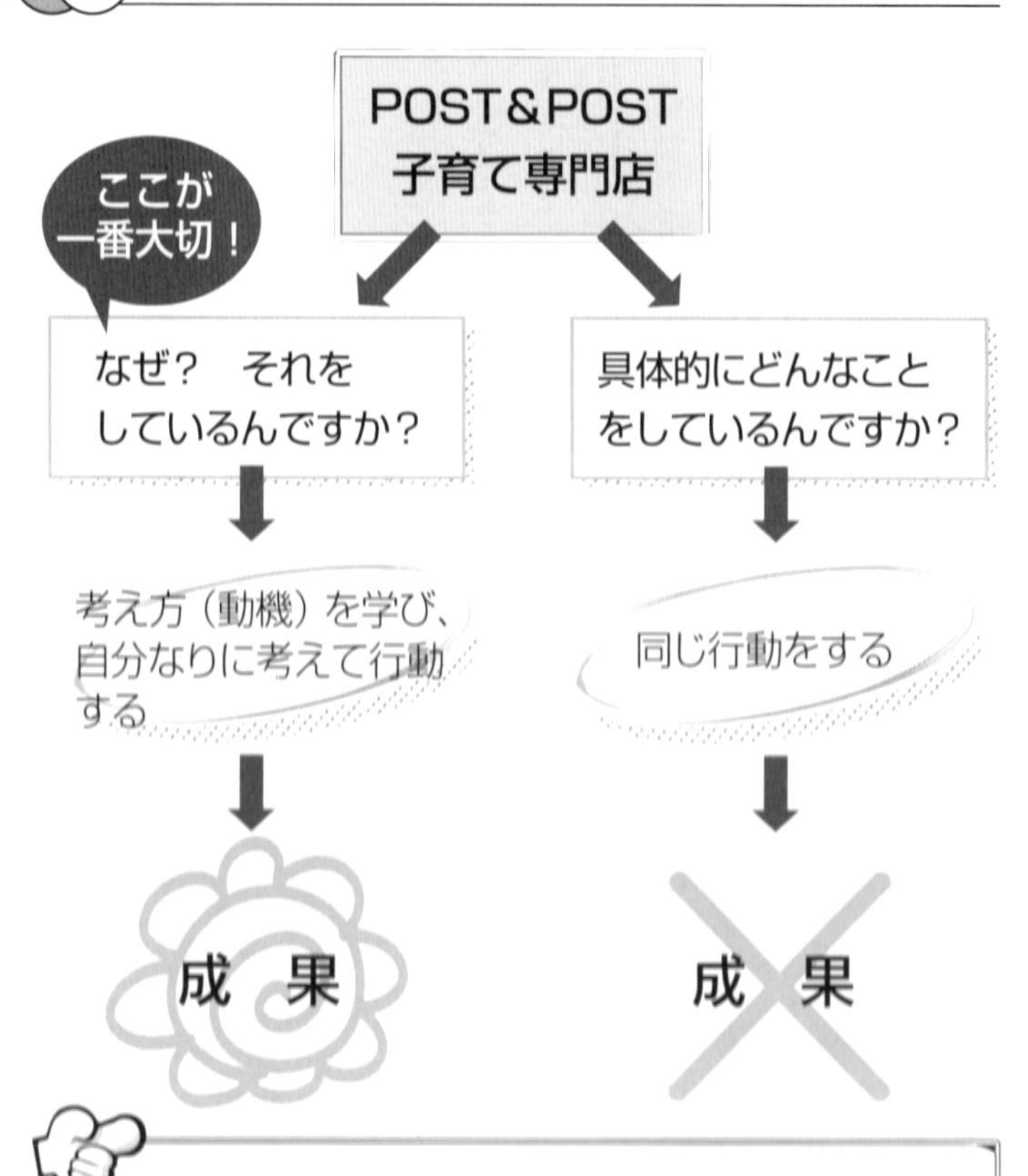

「どうしたら儲かるか」ではなく
「誰とどんなふうにつながりたいか」を
考える

4 「笑い」でつながり、コロナ禍でDMの反応率20％超

祇園割烹　ひいき

❖──コトマーケティング協会での事例を、みんなで共有する

ここまで3社の事例を紹介してきました。

1社目はBtoBのエスオーシー、2社目はBtoBtoCの神谷コーポレーション湘南、3社目はBtoCのポスポス。1社目と2社目は、僕とのお付き合いが深い会社でしたが、3社目のポスポスは、僕が代表理事をしているコトマーケティング協会のシニアコンサルタントの福本晃さんとお付き合いが深い会社です。

僕たちのコトマーケティング協会では、**このように事例を持ち寄り、お互いが自立しながらも支え合い、業界や社会をよくしていけるよう常に考えている**ので、今回のコロナ禍

ではいつも以上に真剣に考え、悩み、行動を共にしてきました。

だからこそ、短期間で情報が集まり、成果に結びつけることができたのです。


4つ目の事例も、福本さんの幼馴染のお店。プロローグでも紹介した京都の祇園にある割烹料理屋「ひいき」。僕も福本さんと一緒に、よくお邪魔します。これまでの事例と違い個人店舗ですので、個人商店の方は非常に参考になるのではないかと思います。

❖お客様としゃべって和やかな雰囲気をつくる

この「ひいき」の店主は岡本さんという方ですが、小学校のときからクラスの人気者でした。人を笑わせるのが大好きで、周りには、いつも人がいっぱいいたと言います。

そんな岡本さんが、17歳の高校生のとき、中退をして料理の道に入ります。

「何か自分でやりたかった」「成績が良くなかったんで」

などと言われますが、中華などに比べても和食の料理人の修業は時間がかかります。旬の魚などは年に数カ月しか扱えないから、1年修業しても何度かしか料理できないので、習得までには時間がかかってしまうのです。

でも、10年間でしっかり修行をして自分の店を持ち独立します。独立前から、いろいろな店を食べ歩いて分かったことは「料理の腕前だけでは食べていけない」ということ。

繁盛している店は、基本的な料理の技術に加えて、圧倒的なセンスを持っていたり、特別な仕入れができるルートを確保していたり、老舗の看板があったりと、何らかの特徴があります。

そして、そんな特徴のないところでもおいしい店はたくさんあるにもかかわらず、その店は売れていないことが多い。自分の店にも何かが必要だと考えていたのです。


でも、自分には特別なセンスも、特殊な仕入れルートも、看板もない。どうしたらいいんだろうと思って悩みながらも独立し、お店をスタート。必死にやっていたところ、お客様からこう言われるのです。

「ほんま、おもろい店やな」

「こんなしゃべる店主のいる割烹なんて、見たことないわ」

そんな言葉が耳に残り始めると、そういえば常連さんも「今日も面白かったわ、ありがとう」と言って帰られることに気づくのです。

「あれ？　僕の店は、おいしいって言って帰る人よりも、面白いって言って帰る人が圧倒

的に多いな」

「ひいき」はカウンターが中心のお店です。カウンターの中で料理を作っていると、お客様の声が耳に入ってくるので、頃合いを見計らって話に入って盛り上げたり、しんみりした状態のときはしゃべりすぎずに話題を変えたり、上司に怒られている部下には励ましの言葉を入れます。

岡本さんは「しゃべって人を笑わせること」が好きでした。自然と会話に入り話を盛り上げていったことが一番お客様の印象に残っていたのです。

料理のおいしさは当たり前、その上に何か別のものを。

そう考えていた岡本さんは、**目の前のお客様を必死に喜ばせようとした結果、自分の好きなことを活かして特徴をつくり出していた**のです。僕も「ひいき」を友人に紹介するとき「面白い店があるねん」と連れて行きます。

そして、連れて行かれたお店が祇園のこぢんまりとした割烹料理屋となると、ちょっと緊張しますよね。そんなとき料理が運ばれてきて食べて話していると、どこからともなく岡本さんが会話に入ってくる。まぁ、この会話が見事です。

その人の特性を見抜きながら、会話に入ってくる。きっとたくさんの方と話をされてきたので、二言三言話すと、その人がどんな人か分かるんでしょうね。距離感が近い人には一気に近づく。懐の深そうな人には、すぐに突っ込む。もう、変幻自在です。

今では、岡本さんはこう言われます。

「うちは、料理が基本ではなく、笑いが基本です」と。

❖──「笑い」でお客様とつながる店に！

「ひいき」のお客様は、京都の経済界では有名な方も多い。僕も行ったときにお見受けするのですが、どの方も本当にリラックスして食事を楽しんでいます。祇園の割烹料理というと、少し敷居の高いイメージがありますが、そんなイメージがあるからこそ、「ひいき」の笑いのつながりが活きてくるのかもしれません。

そんな「ひいき」が、コロナ禍でお客様に出したＤＭは反応率20％超えで、一時期予約が取れなくてお客様からちょっと怒られたそうです。でも、そんなお客様もまた来てくれて応援してくれるのが、つながりの強さを物語っています。
単なる「売り手」「買い手」を超えた関係なのです。

カウンター中心の飲食店は、お客様とのコミュニケーションがカギです。互いに無口では盛り上がりません。しかし人を笑わせることが好きですから、もちろんコロナ禍で、「しゃべること」には神経を遣っています。それにコロナ禍で皆さんの気持ちがふさいでいます。こんなときこそ「笑いの『ひいき』」が異彩を放つのです。

その〝笑い〟が確実にお客様との距離を縮めていくのです。岡本さんは、「自分の好きなこと＝人を笑わせること」で、お客様と深くつながります。

好きなことを通してつながるのは誰にもできます。ただし、ポイントが一つあります。**自分だけが好きなことよりも、自分も周りも楽しくなる好きなことのほうが効果的**です。

自分だけが「お笑い」が好きでも、一方通行になります。お笑いで人を喜ばせるのが好きとか、人を笑わせるのが好き……といった、お客様への接し方が大切です。

5

「現場を元気に」でつながり、新事業もスムーズに立ち上げ自然に広がる

金属加工会社　佳秀工業

❖コロナは新規事業にはチャンス!?

ここで、新規事業の立上げについて、一つ紹介していきたいと思います。

コロナ禍でも、実は新規事業を立ち上げたいという方もかなりいらっしゃいます。それだけ、逆にチャンスだと感じておられるのでしょう。

実際に、クライアントさんの新規事業の立上げに、いくつか関わっています。個人的には、新規事業の立上げは僕の好きな仕事の一つです。しかも、ほとんど決まっていないところからの関わりが大好きです。

その会社の、これまでの歴史をたどり、事業のトップの、これまでの経験をたどり、事

業のトップの、思いを聞く。

そして、その会社のできることや、やってみたいことをプラスして、新規事業の核となる方向性をコトバにする独自化コピーやエピソード、メインのターゲットや販促のデザインを検討して、スケジューリングをして動く……。

❖――「なぜその事業をするのか」という必然性が大事

そのとき大切にしているのが「必然性」です。

その会社が、その事業をする必然性、事業トップが、その事業をする必然性です。

例えば、異業種から美容商品を製造する技術があるので新規事業を展開したいとします。安易に考えると、いい商品をつくってネット販売を！　なんて思うのですが、多くの場合、失敗してしまいます。先行者が多く、ものすごい競合ひしめくレッドオーシャンに、何の武器も持たずに飛び込んでいくようなものだから。

「いやいや、商品は最高にいいですよ！」
「品質もどこにも負けません」

と言われますが、すでに販売されている商品と比べて一度使えば違いが明確に分かる、そんな商品はなかなかありません。**消費者から見ればよく似た商品に見えるし、品質や成分の微差は素人にはよく分かりません。**

では、そういう状況で新規事業としてどう組み立てるのか。

例えば、こんな感じです。

①その会社の、これまでの歴史をたどり
↓金属加工業として歴史と信用があり、多くの従業員が工場で働いている。

②事業のトップの、これまでの経験をたどり
↓2代目として、工場現場で働いてくれているスタッフに感謝している。

③事業のトップの、思いを聞く
↓スタッフが働く環境づくりや、自分たちが働いている会社に誇りを持ってもらいたい。

④その会社のできることや、やってみたいこと
↓美容商品の製造ができるので、製造販売の事業をしたい。

こんなことをお聞きしながら、一緒につくった北九州にある「佳秀工業株式会社」の新事業コンセプトはこちら

↓↓↓

「工場現場で働く人を元気でキレイに」

以下、ホームページから引用です。

佳秀工業株式会社ヘルスケア事業部は、福岡県北九州市にて金属加工を生業とする佳秀工業株式会社の化粧品・健康食品製造業部門として2013年に発足しました。美容健康素材として人気の高いプラセンタエキスを独自製法により安全性と機能性を高め製品化し、原料の販売や化粧品の開発を手がけてきました。

ある日、研究者が全社会議で隣り合った女性の手を偶然目にします。加工処理の最終仕上げを行う彼女の手は、金属粉による汚れが細かい部分に残り、手荒れもしているようでした。

現場で働く人の肌の悩みに、私たちの技術や研究が役立つかもしれない。そんな思いから現場向けのハンドケア製品の開発を手掛けることとなったのです。

つまり、**工場で働く人の「不」を解消し、元気でキレイになってもらうために、自分たちの持っている技術で何ができるのかを徹底的に考えた**のです。

手について彼女に尋ねると、工場の手洗い洗剤では細かいシワや爪の間の汚れは落ちにくく、洗えば洗うほど乾燥で手が荒れる。冬はすべての指に絆創膏を貼るほどのひび割れに悩んでおり、手が痛くて作業に支障が出ることもあるということでした。

還暦を過ぎた母親からも「あなたの手はしわしわで私より歳を取ってみえる」と心配されているとも。

「これは彼女だけの悩みだろうか……」

私たちは現場で働く人に尋ねはじめました。

すると、想像以上に手について悩んでいるという反応がありました。

「自分の体質のせいだと思って我慢していた」

「手の汚れが落ちないので、子供と手を繋ぐのが恥ずかしかった」

「デートの前は強力な溶剤で無理矢理汚れを落としたことがある」

そのなかでも私たちを一番動かしたのは
「そこに気づいてくれる人はこれまでいなかった。ありがとう。」という言葉でした。

❖――社内に目を向け、社内を幸せにし、その幸せをつなげて広げていく

まさにお客様が「ファン」になっているのです。

もう少しホームページを見てみます。


現場の人の本当に困っている声に出会うたび、私たちは商品開発だけにとどまっていてはいけないと強く思うようになりました。

そこから「現場を幸せにする」をミッションにかかげ、商品開発を含め、現場を支えるためのしくみを「現場プロジェクト」と名付け、取り組み始めました。

これまでの、現場だから当たり前、現場だから仕方ない――という意識を変え、現場で働く人の環境を改善することによって、私たちの社会をほんの少しでも生きやすい社会にしたい。

そんなに遠くない未来「昔の現場は大変だった」と言いあえるような社会にしたい。
そう考えています。

こうしてできあがった佳秀工業の新規事業プロジェクトがOSP（ON-SITE PROJECT）になります。（現場プロジェクトで検索）

次ページは、OSPを紹介している佳秀工業の小冊子冒頭です。

まずは、工場向けのハンドクレンジングという商品をベースに、現場の困りごとを一つひとつ取り除き、現場が幸せになる循環型の仕組みになります。

まだ2020年に入ってからスタートした事業ですが、工場はもとより、コロナ禍により手洗いの回数が増えた分、手荒れが気になり始めた工場以外の一般の方からも問い合わせがかなり入ってきています。

このように、**新規事業も最初からつながりを意識することで全く変わってきます。**佳秀工業さんの場合は、こう考えたのです。

ON-SITE PROJECT（OSP）とは

現場で働く人を幸せにするためのしくみです。

現場向けケア商品「MW（ムウ）」シリーズ

現場の悩みを解決する商品の紹介「MW Selection」

情報紙「OSP Letter」

コミュニケーションサロン「OSP Community」

の４つで構成しています。

現場の困りごとをひとつひとつ取り除き、現場が幸せになる循環型のしくみを私たちは考えました。

OSP Circular System（循環型システム）

Awareness

困りごとを見つけ出す

Trustable

人と環境に配慮した商品開発

OSP

ON SITE PROJECT

Share

困りごとをシェアする

Remove

困りごとを取り除く

・誰と＝工場で働く人たちと
・どんなつながりをつくるのか＝「キレイと元気」でつながる

そして、誰とどうつながるかは、決して儲かるからではなく、佳秀工業の必然性から生まれてきたものですから、これも含めて真似できる企業はありません。まさに独自の発想から生まれた、独自の売り方になっていくのです。

仮に、この商品が大ヒットしたとしてください。様々な会社が商品を真似して発売してきても、佳秀工業はそれを気にすることはありません。

競合他社の動向よりも、工場の現場で働く人たちに更に目を向け、もっとキレイになってもらうためにはどうすればいいのか？　もっと元気になってもらうためには商品やサービスをどう改良するのか？　を必死に考え続け、商品やサービスはもちろんのこと、情報発信やコミュニティづくりまで進化させていくはずです。

6 「親兄弟」でつながり、紹介から事業拡大へ

外壁塗装　マツミ

❖親兄弟の建物だったら……という〝誠意〟をキーワードに

最後に、僕の本には非常によく登場していただく、大阪の茨木市にある外壁塗装や防水工事専門の「株式会社マツミ」。前著を読んでいただいている方はよくご存じかもしれませんが、いわば「親兄弟の思い」でお客様とつながっている会社です。

少し説明しましょう。

この会社の方向性でもある、独自化に向かってのコピーは「親兄弟の建物と思って塗らせていただきます」です。これは、先代の社長の頃から、何かあったら「親の建物だったら、どんな対応をする？」と社員に問いかけてきたコトバがベースになります。

マツミは、元々公共事業が9割以上で、一般事業（一般住宅やマンションなどの工事）がほとんどなかった。消費者に価値を伝えるために当時の営業部長の宮脇さんがコトマーケティングを学び、そのときに、社内のことや社員のコトバ、社長のコトバを振り返りながらつくったのです。

最初にコトバを紡いだときに、

「こんなコトバでいいんですか？」「もっと、かっこいいコトバがいいです」

と宮脇さんが言っていたのを思い出します。そのときに話したのは「**かっこいいコトバじゃなく、マツミさんらしいコトバが大切**」でした。

そんなやり取りをしながら、まずはこのコトバを社員と一緒に考えてみようということになっていったわけです。

「親兄弟の建物だったら、どんなコトがしてあげたいか？」

そう考えて、一つずつ実践していったことからマツミの快進撃が始まります。約半年で一般事業を立ち上げ、2年で2億の売上げ、利益は公共事業の5倍にまで伸びたのです。

「親兄弟の建物だと思って」と実践してきたことが、売上げに結びついてきたのです。

❖――どんな小さな工事でも引き受ける

そうこうしているうちに、売上げの主体は戸建て住宅からマンションへ移っていきます。これは何かを仕掛けたというよりは、こうして、親兄弟と同じ思いで付き合うお客様には、比較的富裕層が多かったためでもあります。

その方たちがマンションを所有していたために、「だったら、うちのマンションの外壁もお願い」というように紹介で広がっていったのです。

そうして、マンションオーナーの方との付き合いが増えてくると、いろいろな悩み事をお聞きするようになります。そして、**一番の悩みは「小さな工事」だということが明確になってきた**のです。

「小さな工事」とは、ちょっとしたコンクリートのひび割れだとか、ベランダの防水補修や、自転車置き場のトタン屋根の修理とか、門柱の塗装が剥げてきたなどの、些細な工事のことです。

こういった箇所って、住んでいる人はけっこう気になるのですが、いざ業者に頼むと、「安いと思ったのに意外と高くついた」「業者に連絡しても来てくれない」「どこに頼んでいいか分からない」「大きな外壁塗装工事ならすぐに来てくれるけど、小さな工事は大きな工事と一緒でないと来てくれない」

などのような対応をされます。

それもそのはず、そんな小さな工事にも人手はかかるけど、料金はそれほど頂くわけにはいかないので、業者は誰も嫌がっていたのです。そこを、親兄弟の思いで何とかしたいと思って立ち上げたのが「親兄弟メンバーズ」です。（※親兄弟メンバーズで検索）

❖──「親兄弟メンバーズ」でお客様の困ったことを吸い上げる

親兄弟メンバーズは、マンションオーナーが困っている小さな工事の施工をするだけでなく、マンションオーナーが簡単にできるＤＩＹの動画や、防水や修繕の基礎知識はもちろん、保険の活用方法や節税対策・相続など入居率アップや空室対策になるセミナーを毎月実施しています。

メンバーにして**囲い込むのではなく、親兄弟の思いでメンバーが困っていることを解決**

していくのを目的としています。結果的に、この親兄弟メンバーズはマンションオーナーだけでなく、管理会社の方からも引き合いが強く、ほとんど広告もしていないのに口コミで広がっている状況です。

この親兄弟メンバーズも実際に動いていくと、マンションオーナーさんの困りごとは小さな工事の他にもあることが見えてきます。その結果　業界初のマンションオーナーと管理会社、そして施工の3者が楽になるという新たな事業も合わせて進行中なのです。

人（マンションオーナー）に寄り添い、耳を傾けながらよく聞き、よく知ったことに対して、動きながら構築していく。頭の中で考えすぎずに、動きながら実感を得て、構築していくのが一番スピーディなのです。

こうして、人としっかりつながることで、仕事がつながり、事業展開にもつながってきます。マツミもこのようなつながりで事業展開をしていくとは数年前まで思ってもみなかったはずです。でも、実際にはつながっていくのです。

どこまでつながっていくのか楽しみでなりません。

マツミの親兄弟メンバーズ

7 「つながり」をつくり出すための、最も基本的な考え方

◆「つながり」はどうすれば深く、強くなっていくのか

これまで紹介した会社は、間違いなくオリジナルの売り方で、お客様と独自の「関係性＝つながり」を持っています。そして、こうした企業は圧倒的に利益をあげています。業界の平均からすると、おそらく1・5倍から10倍以上の会社もあります。

コロナ禍でも売上げ、そしてとくに利益を落とすことなく、ファンに支えられている。

もちろん売り方も、それぞれの会社やお店のオリジナルなのですが、根本的にはかなり共通しているところがあると気づかれた方も多いはずです。どんな共通点があるかの前に、少しだけ「つながり」について確認していきたいと思います。

商売において「つながり」は、どうしたら深く、強くなっていくのかを事例から考えてみました。

例えばエスオーシーさんの産業用クリーニングの業界で考えてみると、まずクリーニングがきちんとできていないと話にもなりません。

商品やサービスがきちんと提供できる状況にあるかどうかが第1段階。

その上に、言ったことにしっかりと対応してくれるかどうかが第2段階。

売ることよりも、買い手のコトを考えているかどうかが第3段階。

買い手のコトを考えて、会社として仕組みをつくっているかどうかが第4段階、そして、その仕組みが機能しているかどうかが第5段階、として見直してみましょう。

【第1段階】

・商品やサービスが充分ではない

×クリーニング品質にムラがあって、配送なども遅れることがある

↓

・商品やサービスが充分である

○キレイにクリーニングして、きちんと納めることができる

【第2段階】

・商品やサービスが充分でも、しっかり対応してくれない

×商品サービスはいいが、緊急の出来事などには対応してくれない

↓

・商品やサービスが充分で、しっかり対応してくれる

○商品サービスもいいが、緊急の出来事などにもしっかり対応してくれる

【第3段階】

・個々人は、売ることばかりで、買い手のことを考えてくれていない

×個人の営業は、売上げを気にして、基本的に買ってもらうための提案ばかり

↓

・個々人は、売ることばかりでなく、買い手のことを考えてくれている

○個人の営業は、自社の売上げだけでなく看護師や事務の困りごとに目を向けている

【第4段階】

・個々人はがんばってくれるが、会社としての仕組みはない

×営業マンは気に掛けてくれるが、会社としては売ってこいの一点張り

↓

・その上で、会社全体で買い手のことを考えた仕組みをつくっている

○営業マンからの声を受け、会社全体でできることを考えて仕組みにしてくれる

【第5段階】

・会社としての仕組みはあるけど、あまり機能していない

×会社の仕組みはあるけど、うまく営業と一体化せずにズレている

↓

・会社としての仕組みがあって、しっかり機能している

○会社としての仕組みと、営業マンが一体化してサポートしてくれる

どうでしょうか。ご自分の会社に置き換えてみてください。

それぞれの段階で、まず問題を解決していくことが先決です。

「つながり」のつくり方（産業用クリーニングの場合）

第１段階

商品やサービスが充分である

○キレイにクリーニングしてきちんと納めることができる。

第２段階

商品やサービスが充分で、しっかり対応してくれる

○商品サービスもいいが、緊急の出来事などにも
しっかり対応してくれる。

第３段階

**個々人は、売ることばかりでなく、
買い手のことを考えてくれている**

○個人の営業は、自社の売上げだけでなく看護師や
事務の困りごとにも目を向けている。

第４段階

**その上で、会社全体で買い手のことを
考えた仕組みをつくっている**

○営業マンからの声を受け、会社全体でできることを
考えて仕組みにしてくれる。

第５段階

会社としての仕組みがあって、しっかり機能している

○会社としての仕組みと、営業マンが一体化して
サポートしてくれる。

1

こうして見ていくと、**第2段階までは「モノの売り買いのつながり」です。第3段階に入ってくると個人で「人と人とのつながり」が見えてきます。第4段階～第5段階にかけては、困っているコトとできるコトという「コトとコト」の人を含めた法人同士のつながりが見えてきます。**

角度を変えて見てみると、第2段階までは「替えのきく存在」になり、第3段階では「役立つ存在」になり、第5段階になると「意味のある存在」になるのです。

❖──お客様にとって「役立つ存在」「意味ある存在」になる！

この段階を頭の中に入れながら、子供服のリユースショップのポスポスさんを見ていきましょう。

【第1段階】

・商品やサービスが充分ではない

×中古で品揃えも少ないし、子供に買ってあげようと思えない

↓

・商品やサービスが充分である
○品揃えも豊富で、店内も商品もきれいにしてある

【第2段階】
・商品やサービスが充分でも、しっかり対応してくれない
×店内で何か聞こうと思っても、答えてくれる人がいない
↓
・商品やサービスが充分で、しっかり対応してくれる
○店内で何か聞こうとしたら、しっかりと答えてくれる人がいる

【第3段階】
・個々人は、売ることばかりで、買い手のことを考えてくれていない
×個々人の接客は、販売目的での接客が多い
↓
・個々人は、売ることばかりでなく買い手の中にあるコトを考えてくれている
○個々人の接客は、販売目的だけでなく買い手の疑問や悩みの相談に乗ってくれる

【第4段階】

・個々人はがんばってくれるが、会社としての仕組みはない

×一人の販売スタッフは優しいが、お店としては他と一緒

↓

・その上で、会社全体で買い手のことを考えた仕組みをつくっている

○販売スタッフに言ったことが、お店として対応してくれてカタチになっている

【第5段階】

・会社としての仕組みはあるけど、あまり機能していない

×お店のやっていることと、それぞれのスタッフのやっていることは別々

↓

・会社としての仕組みがあって、しっかり機能している

○お店のやっていることとスタッフが一緒になってサポートしてくれる

ポストアンドポストの吉田社長の子育てへの思いがお店（ポスポス）というカタチにな

り、思いにスタッフが共感して行動し、そしてお客様も思いに共感し、子育てに対して意

味のある存在になっているのは言うまでもありません。

商品だけを提供する店はいくらでもありますから、「特別な存在」ではありません。しかし自分のことをちゃんと考えてくれている一人の人がいると「役立つ存在」になります。そして、子育てのコトを一緒に考えてくれるお店とたくさんのスタッフがいると「意味ある存在」になり、独自のつながりができるのです。

ここで質問です。あなたにとって替えのきく友達と、役に立つ友達と、意味ある友達は誰ですか。そのうち一番つながりが深いのは誰でしょうか？　答えは明確なはずです。

役立つ存在を超えた、意味ある存在になる。相手にとってつながる意味があるのですから、ずっとつながっていたいと思うはずです。病院は、エスオーシーとどうしてずっとつながっていたいかを考えてみると「手間を省いてくれて、自分たちが医療に専念できるから」なのではないでしょうか。

小さな子を持つママは、ポスポスさんとどうしてつながっていたい、というと「学校では教えてくれない子供の教育のため」と言えるのかもしれません。

ということは、誰と、どんなつながりをつくり、それは何のためなのかを明確にすることで、独自性もアピールできるのです。

❖──どんなつながりをつくるのかをまとめてみる

ここでもう一度、各社の、「誰と」「どんなつながり」「何のために」を振り返ってみましょう。

●産業用クリーニングのエスオーシーさん

・誰と＝３００床前後の病院と
・どんなつながりをつくるのか＝手間でつながる
・何のために＝医師や看護師の方に、医療業務に専念してもらうため

●室内ドア専門メーカーの神谷コーポレーション湘南さん

・誰と＝年間着工棟数10棟以下の工務店と
・どんなつながりをつくるのか＝ブランディングでつながる
・何のために＝施主の暮らしを豊かにするため

●子供服のリユースショップのポスポスさん

・誰と＝6歳までの子供さんを持つママと
・どんなつながりをつくるのか＝「子育て」でつながる
・何のために＝子供の未来のために

いかがでしょうか？

・誰と
・「何で」つながるのか
・それは、何のために

こうした**方向性やコンセプトが明確で、それを軸にスタッフそれぞれが行動しているこ**とが分かります。「何のために」という目的もしっかりしているのでブレません。

他にも、「笑い」でつながった祇園のひいきさんなど、お客様との関係性を強固にするには、独自のキーワードがありました。

佳秀工業さんは、「現場で働く人と、キレイと元気でつながる」ことをベースに立ち上げました。そして、茨木市の外壁塗装のマツミさんは、「親兄弟」のつながりで、既存の事業から新規事業につなげています。

それぞれに何でつながるのかという明確なキーワードがあり、そこから独自の売り方が生まれ、しっかりと目的につながっているのです。

皆さんも考えてみてください。

・誰とつながりたいのか
・どのようにつながりたいのか
・その、つながりは何のためか

これが明確になると、つながりは確実につくり出せます。でも、ここで勘違いしてもらっては困ることが一つあります。**「儲かるためにつながる」のではなく、「つながりが、結果的に儲けを生み出す」ということ。**そして、それは「つながりをつくりたい」という純粋な思いから始まります。

「つながり」をつくるには
何のためにつながるのか、を考える。
誰とつながるか。
どうつながるか。

だから第1章や第2章で書いたように、まずは動いてみる。お客様と近づく行動をとってみることです。そして、近づいていくことで「思い」が生まれてくるはずです。そうやって方向性が見えてきたら、具体的に「何をキーワードにつながるか」というシナリオを考えてください。

「誰と、何のために、どうつながりたいのか」

行動し実感したことで、生まれてきた思いを大切に、「どうしていきたいか」を見直すこと、それがコロナ禍で一番大切なことなのかもしれません。

次の章では、この「どうしていきたいか」ということを中心に、変化の時代に大切なマインドセットについてお伝えしていきたいと思います。

第4章 これからお客様と「つながる」ための5つの「発想転換」

この「マインドセット」で、お客様と「強い関係」を築けば、
どんなことがあっても大丈夫!

1 「気持ち」が伴う行動を！

❖まず気持ちで「つながり」を意識する

さて、これまでの章の内容を受けて「つながる」ための動きをしていくときに大切なマインドの話をしたいと思います。

と言いますのは、つながるための動きをしている人と、つながるための動きをしていない人を見ていて気づいたのが、**行動以上に心持ちが違う**ということなのです。

つながりを意識せず動くとなると、やっぱり「売るために」「成功するために」が先に来てしまいます。もちろんそれも大切ですが、先に「つながり」を意識することで、「売る」や「成功」が近づきます。

この第4章では「つながる」ための5つのマインドセットをお伝えしていきたいと思い

ます。今の思考回路や発想を変えるのです。

❖——5つのマインドセットを理解する

最初に5つすべてを伝えてしまうと、このような感じになります。上の言葉から下の言葉へのマインドセット（発想転換）になります。

- ・予測する↓構想する
- ・世間のルールに沿う↓自分たちの倫理観を持つ
- ・しっかり計画し行動する↓大量に試す
- ・これまでの経験に頼る↓行動して実感に頼る
- ・奪い独占する↓与え共有する

「全体的に分かるなぁ」という方もいらっしゃるかもしれませんし、「一部分かるけど」という方や、「一部反対」という方もいるかもしれません。でも、これらはすべて頭の中に入れていただきたいのです。なぜかというと、この5つは別々ではなく、すべてつながっているからです。それも含めて、一つひとつお伝えしていきますね。

2 「予測する」から「構想する」へ

❖「自分はどうしたいんだろう」と考えてみる

「どうしたいですか?」
「どうしてあげたいですか?」

コロナ禍において、自分にそして周りの方たちにも、この質問ばかりしています。もちろん「正解」なんてないので、自分の思い、そしてスタンスのことです。**どうして、これを問いかけるかというと間違いなく「大切だから」になります。**

コロナ禍では、以前よりも迷いがちになりますよね。どうしてこうも迷うのかを考えると「経験がないから」だと思います。経験があれば、経験則から判断できるのに、緊急事態宣言や自粛要請など、今まで経験がないから迷う。経験のないことに、いろいろな人が様々な意見を言うから惑わされる。

「どうすればいいいんだろう」と思うことも多いのではないでしょうか。

もちろん、僕も思います。

でも、そんなとき**「自分自身はどうしたいんだろう」と問いかけてみる。**

・自分自身はどうしたいんだろうか?

・それは、どうしてか?

一つ目の問いかけも大切ですが、二つ目も大切です。

例えば、

・自分自身はどうしたいんだろうか?

↓何とか売上げを取り戻したい

・それは、どうしてか？

↓会社がつぶれるから

これだと、自分だけのために何かをするようになります。そして「会社がつぶれる」という【恐れ】から動くことになるので要注意です。

❖──それは、どうしてなのかを考える

では、こういう発想だと、どうでしょう。

・自分自身はどうしたいんだろうか？

↓これを機会に、もっと楽しい会社を創りたい

・それは、どうしてか？

↓自分も社員もお客様も喜んでくれるから

これだと、自分も周りもよくなっていくためにということになります。そして「喜んでくれる」という【愛情】から動くことになるのがいいですね。

と、ここまで書いたところで、
「そんなこと言っても、会社がつぶれたらどうしようもないだろ！」
「そんな悠長なこと言ってられないよ!!」
と感じる方もいらっしゃると思います。

❖――お客様に対してできることを考える

ここで一つ視点を変えて考えてみてください。

2件のラーメン店が並んでいるとします。一つの店は、お店がつぶれそうで、売上げを何とかしないといけないと思い、席を詰めて何とかお客様が入ってもらえるように必死で呼びかけています。

もう一つの店は、こんなときだからお客様にできるコトをと思い、席を空け、接客の言葉を選び、商品にも工夫している。

あなたは、どちらのラーメン店を選びますか？

これは、コロナ禍でなくても同じこと。
売り手の苦労はお客様には全く関係ありません。（※もちろん、ファンのお客様は助けてくれます）コロナ禍で、不安や不便を感じているのはお客様のほう。だからこそ、今だからできるコトを考えて行動していく。

その動きをしていくためにも、大切なのがこの二つ。

・自分自身はどうしたいんだろうか？
・それは、どうしてか？

それは、第3章の最後にあった「誰と、何のために、どうつながりたいのか」に置き換えることができます。それを含めた「どうしていきたいのか」がマインドセットの一つ目になるのです。

先にも書きましたが、**前例のない社会になって「予測する」ことは不可能になりました。**だって、誰も緊急事態宣言を経験したことがないし、誰もコロナがいつ収束するか分からないのです。

だからこそ、この先どうなるか予測するよりも、**「構想する」=自分がこの先どうしていきたいのかを基準に動いていくことが大切になる**のです。

3 「世間のルールに沿う」から「自分たちの〝思い〟を持つ」へ

❖──「動く」ことをやめてはいけません

自分自身が「どうしていきたいか」を決めると、それに対して動き出そうとします。この**動き出そうとしたときに、その動きを邪魔するのが環境**です。

とくにコロナ禍においては、動くこと自体が非難を浴びることもある。でも、あなたの強い意志はそんなことで動きを止めるはずはない。

この6カ月間で、100名以上の経営者の方と話をさせてもらいました。話の中心はやはり「コロナ」のこと。業種や業態により、そして地域により様々ですが、飲食業においても業績を伸ばしておられるところもあり、本当に僕自身が勉強になることばかりでした。

お聞きしたことを整理しつつ感じることは、一つ。「リーダーは、コロナのこの時期をうまく活用している」ということ。

誤解を招くかもしれませんが、素直にそう感じるのです。

人は、なかなか自分自身で変わることができない。それを分かっているからこそ、今回の**コロナという外圧を理由にして、自分も社内も、お客様への対応も、変化するキッカケにしている。**

もしかしたら、それぞれの経営者にそんな認識はないのかもしれません。が、いろいろな話をお聞きし、少し俯瞰してみるとそう感じるのです。

❖——「倫理観を持って動くこと」がポイントになる

この時代に行動することは、勇気もいります。

「コロナを理由に一歩踏み出す」

この踏み出す一歩は、今までの延長線上への一歩と、今までの延長線上にはない場所への一歩。

延長線上の一歩は短期的に、別の一歩は半年後や1年後には、大きな道になっている。

そんなワクワクする一歩を踏み出している方々を見て改めて感じるのは、**世間のルールに従いつつも、自分たちの倫理観を持っておられる**ということ。

世間のルールに従っているだけで、国や自治体が助けてくれるということはありません。

ただ、だからと言って世間のルールなんて関係なしに動こうと言っているわけではありません。**「動くこと＝悪」のような世の中だからこそ、ルールを厳守して動く**。

世間のルールは守りつつも、その上で自分たちの倫理観を大切に動く。

例えば、飲食店で言うと、衛生対策はきちんとしながらも、それだけで終わりではなく、宅配やテイクアウトも、自分たちの倫理観を持ち徹底的に本気で考えて動く。そうすることで、「考えて構想したことが現実になる動き」になるのです。

もちろん、世間のルールを守るなというわけではありません。ただ、ルールを守ることが最優先なのではなく、「あなたの思い＝どうしていきたいのか」をベースに考え動いていくことが大切になります。

政府がGo Toキャンペーンを一時中止しても、星野リゾートの星野さんは「自主的に35%オフにするから来てもらう」と決めました。一部の強い反発もありましたが、賛同した方が多かったのも事実です。星野さんには星野さんの思いや考えがあったのでしょう。

ここで大事になるのが、判断基準です。

・自社の売上げのために
・自社が生き残るために

というような「自社のために」「自分のために」という考えでなく、

・お客様のために
・誰と、どうつながっていくために

自分以外の「誰かのために」が基準になると動きが広がっていきます。

倫理観というのは、社会のルールとして押しつけられるものではなく、きっとあなたの中にある「思い」に順ずるはずです。

4 「しっかり計画し行動する」から「大量に試す」へ

❖細かい計画などは後回しでいい！

今は、細かい計画を立てたり、計画を見直したりする時間があれば、お客様に対して徹底的にアプローチしてみる。

私たちは、立てていた予定が大きく崩れたとき、まずは予定を立て直そうとします。でも、予定を何度立て直しても、それ以上のことが起きてまた予定が崩れるというのがコロナ禍なのではないでしょうか。

そりゃそうです。だって前例のない状況にある今、何をもとに予定を立て直すのでしょうか。何をもとに計画をするのでしょうか。

経験がないのだから、今この時期にこそ経験を積む必要がある。今行動し、その実感から何かを見出していく他ないのです。

例えば、経営計画の立て直しなど、大きな方向性を決めたとしても、刻々と状況は変化していき、どこでどうなるか分からない。

だからこそ、「今できるコト」に集中し、人を見て、人にできるコトを行動しまくる。

そうしていると、大きな方向性は必ず見えてきます。

なぜなら、結果的には「顧客が売上げをつくってくれる」から。

だからこそ、今は顧客に寄り添い、顧客のココロに耳を傾け、まずは戦術レベルでできることに集中する。

❖先の読めないときは、まず動いてみる

動きながら、お客様との接点を増やすことが大切です。お客様との接点を増やし、お客様のココロの変化、不安や不満の変化、興味関心の変化に触れること。そして、その変化に対してできるコトを徹底的に考えて動くこと。

そしてお客様が本当に何を望んでいるのか、何をしてほしいのか——を実感していくのです。その実感の数が、次の商売につながっていくのです。

反面、先の読めないときは動かない、という判断もあると思います。

資金だけは確保して、落ち着いてから動けばいいじゃないかというのは、一つの方法かもしれません。

しかしながら、その動いていないときに、他のお店や会社は徹底的に動き、お客様のココロに触れ、できることを積み上げていっているのです。そうして新しい社会ができあがったときに動き出して間に合うのでしょうか。

僕には、間違いなく手後れになると思えてなりません。

コロナ禍でもしっかりと動き、きちんと商売をされている経営者の方と話をしていると、すごく似通っているところがあって、それをコトバにするとこうなります。

「戦略は考えず、今は戦術レベルで実践しまくる」

もちろん、ただ動けばいいというわけではありません。その基準になるのが「どうしていきたいか」です。つまり、「誰と、どうつながり、何のためにつながっていきたいのか」ということ。

そして、業界全体が売上げ半分以下になっているときに、この考えでやっている会社やお店が、今この時期も売上げを落とさずにやっているのです。

お客様の声を聴く……。そんな悠長な、と考えてはいけません。逆に今だからこそ、この〝商売の本質〟に立ち戻ってほしいのです。

そのためには、お客様のコトを見て、お客様のコトを考え、お客様に対して動く。その動きの中で、お客様に喜ばれたコト、お客様に楽しんでもらえたコトを実感し、その実感をもとに、さらにできるコトを考え行動していく。

こうした動きが、結果的に「つながり」を強め、ずっとつながることになるのです。

社会が大きく変わり、お客様のココロがどんどん変わっていっている今こそ、自社の計画よりも、お客様に寄り添う圧倒的な行動が大切なのです。

5 「これまでの経験に頼る」から「行動して実感に頼る」へ

❖経験だけでは通じない時代になった

これまでは経験に頼ることができました。経験則から導き出される行動が、正解に近い行動だったはずです。

が、残念ながらもう経験が通じる社会ではなくなってきた。

今回のコロナだけではなく、**この先は経験に頼っていたら大変なことになる。いま行動して「実感」を得て、その「実感」に頼ることが大切**です。

もちろん、これまでやってきた経験の積み重ねは大切です。僕は、「すべての経験を捨てよ」と言っているのではありません。経験や歴史があるから、それをベースにした新しい売り方も考えられる。

僕が強調したいのは、例えばこれまで通りの売り方に頼るのではなく、動いてお客様の声を聞き出して、その実感を大切にしてほしい、ということです。

❖――実感して気づきが見えてくると、「楽しみ」も見える

先日、顧問税理士の方と話をしていて、「この時期に仕事を楽しめたら、もうコワイものなしですね」という話題になりました。

コロナ禍で、いろいろな方に会ってお話を聞きますが、それぞれに先の見えない不安や恐れを感じていると思うし、商売自体も厳しい状況に置かれている方も多い。コロナの状況によって様々な課題が生まれ、商売自体は先が見えません。

経営者の方は、様々な方策を考え、悩まれているのではないでしょうか。でも、どれだけ深刻に考えても、今回の場合答えは出ない。動いてみないと分からない。

これまでの「こんなときは、こうしたらいい」なんていう経験則は通じないんですよね。だったら、**今までの経験に頼ることなく、自由な発想で考えてみる。今の消費、今の社会、今のお客様をしっかり見る。**

そして、精一杯できるコトを考える。そうすることで、

「あぁ、これに反応してくれるのか」
「そうか！　今お客様が必要としているのはコレか‼」
「この行動には反応はしないんだな」
など、行動を通して実感していくのです。

実感し、気づきが増えてくると、「楽しみ」が見えてくるのです。これは、コロナ禍で一緒に考え行動しているクライアントのスタッフさんを見ているとすごく感じます。

最初は暗闇でも、手を取り合いながら一歩一歩進んでいくと、少し明かりが見えてきたとき「やった！」と同時に「よし！」という気持ちになるんでしょうね。もちろん皆さん必死なのですが、ある段階から確実に「もっと楽しもうとしている」ことを感じます。

これって、苦しみや厳しさを、楽しみに変換しているのだと思うのです。今こそ、今だからこそ、楽しんでいきたいですね。

そのためにも、実感を！　もちろん、**経験を捨てる必要などありません。一度横においてみてください**。きっと役に立ちますから。

行動してお客様の声を聞き、
それを〝実感する〟と気づきが見える。
そうなると「今」を楽しめる。
今を楽しめたら、コワイものなし！

6 「奪い独占する」から「与え共有する」へ

❖「自社だけ」「自店だけ」ではダメになる

新しい社会の、新しい商売のカタチをつくり出すのは簡単なことではありません。でも、そのスピードを上げ、素早くカタチにする方法はあります。それが、与え共有すること。

例えば、札幌の名物となっているスープカレーですが、最初に始めたのが奥芝商店さんというお店です。すっごく美味しくて話題になった。

奥芝商店さんのお陰でスープカレーが話題になったので、その近くで他の店もスープカレーを出したり、新しく出店するところも出てきた。新しいお店は奥芝商店さんに何度も偵察に行ったのですが、奥芝商店の店主はイヤがることなくいろいろなことを教えてくれたそうです。

その理由は、「みんなで、スープカレーで、札幌を盛り上げよう！」という思いがあったから。結果、スープカレーは札幌の新名物になったのです。

僕自身、観光地の活性化のお手伝いをすることがありますが、新潟の十日町にある松之山温泉もその一つです。中越地震が2度続けて起こったあと、すべての旅館の予約はキャンセルになりました。瀕死の状態だった温泉地は、どうしたか——。

「この難局を乗り越えるのは一人では無理だ」と感じ、旅館や飲食店、お土産物屋さんのすべてが出資して「合同会社まんま」を設立したのです。**みんなで力を合わせて、自分たちのチカラで魅力を発信**して、お客様に来ていただこうとがんばりました。

その結果、見事復活したのです。

みんなで名物になる料理をつくったり、みんなでマーケティングを学んで実践したり、一緒に行動と共有を繰り返し短期間で復活を遂げました。

❖――実感したことを仲間と共有しよう

他の地域の温泉地などにも同じことが言えます。

温泉地の1軒の旅館だけが大流行り(はやり)していても、その地域は廃(すた)れていきます。だから

地域をリードする旅館の経営者の多くは、自分たちがやってきたことを地域の皆さんと共有し、地域全体でよくなろうとする。そのほうが地域も活性化し、自分たちも進化していけるというのを肌で感じているのだと思います。

個人だけでなく、チーム内で与え共有する
会社内だけでなく、業界内で与え共有する
個人店だけでなく、地域で与え共有する

過去の経験に頼れなくなった今、現時点での行動と体感がすべてと言っても過言ではない。一人の行動と体感よりも、多くの人の行動と体感を持ち寄ることで、カタチになるスピードは格段に変わってきます。

これまでは、ＳＤＧｓなどと言いながら、やっぱり自分たちの儲けを優先していました。

「ＳＤＧｓ」とは、「持続可能な開発目標」のこと。この先、みんなでいい社会をつくろうというものなのですが、「どれだけ奪い独占するか」が主で、独占してきたものが価値という構図から抜け出ることができない――そんな業界が多いのではないでしょうか。

大草原の中で道なき道を歩き、新しい道をつくっていくのは一人ではむずかしい。やっぱり仲間が必要です。

行動し、実感したことを仲間に与え共有していきましょう。

営業マン一人ではなく、営業マンみんなが与え共有する。会社の中だけではなく、業界の活性化のために与え共有する。地域のみんなで動き、実感し、やったことを与え共有するのです。自社のためだけでなく、業界のため、そして地域のために。力を合わせるときが来たのです。

一人では百段の階段を登るのが精一杯だとしても、チームで千段の階段を目指すことはできます。そして、いくつかのチームが合わされば一万段の階段も登れます。

❖――一人ではできなくても、みんながやれば可能になる

僕たちのコトマーケティング協会でも、コロナ禍に入りこの動きが加速しました。協会にはコト売りを実践している多くの会社があります。

例えば、愛知県豊橋市の野球専門店の「ヤマモトスポーツ」さんは、コト売りを始めて3年で、売上げ70％アップ、利益はなんと20％近くアップしたのですが、業績向上のためにとった行動、考え方などをメーカーや問屋の営業マンに直接伝えています。メーカーや問屋の営業マンを通して、小売店に伝わり、小売店が活性化してくれることを願って行動しているのです。

与え、共有していくと、間違いなく一人ではできないコトが可能になります。それも短期間でカタチになる可能性が高いのが〝今〟なのです。

どうしていきたいかを一度決め、自分たちの倫理観を持ち、大量に動き、実感を得る。そして、その行動と、行動から得た実感を与え共有するのです。そうすると、また次の「どうしていきたいか」が明確になる。

そして倫理観をもとに大量行動し、実感し、また与え共有する。そうして、皆で新しい社会の新しい商売のカタチを創り出すのです。きっとその商売は、今までにないカタチとなり、豊かな未来につながっていくはずです。

成長社会においては、人口も増え、どんどん需要が増えていきますから奪い合っても大丈夫でした。でも成熟社会に入った今、奪い独占するのではなく、与え共有すること。一緒に未来を創り出すことが大切なのです。

それを教えてくれているのが、今回のコロナなのかもしれません。おそらくですが、コロナが落ち着いても、経験のない出来事が続いて起こるでしょう。だからこそ僕たちは自問自答し、僕だけの売り方、私だけの売り方を考えていく必要があるのです。

あなたは、この状況下で「どうしていきたいですか」？

一般社団法人　コトマーケティング協会とは？

著者松野恵介が独立後の経験から得たノウハウを、より多くの方に活用してもらうために2016年に立ち上げた団体。日本で初めて「コト売り」を体系化した講座には、分かりやすさが評判で口コミだけで1500名以上が受講している。

この価値の伝え方を学ぶ講座には、小売店から飲食店、法人の営業マンまでが参加。それ以外にも、各業界で活躍するコンサルタントの方が、このコンテンツを活用して業界や地域をよくしていこうという思いで受講され、そんな方たちと一緒に考え行動し、ノウハウを共有している。

コンテンツの元になっているのは、著者が商店街や温泉地の活性化を実現してきたときに基本としてきた内容で、ワークを取り入れ誰でもカンタンに実践できる内容になっている。

コトマーケティング協会の独自化コピーは、「価値を伝えることで、人とつながり、社会とつながり、未来につなげる」。この講座を学んだ人がたくさんの人とつながり、地域や社会に必要とされ、それぞれの未来につなげていくという思いが込められている。

●価値を伝えるための基本講座
→アドバイザー講座（毎月開催）

【コトマーケティング協会】→ コトマーケティング協会 検索

【松野恵介 HP、ブログなど】→ ガイア　松野恵介 検索

【著者紹介】　**松野恵介**（まつの・けいすけ）

◎——大学卒業後、京都の老舗呉服問屋に入社。しかし、若くしてリストラに遭い心身ともボロボロになる。そこから這い上がってマーケティングを勉強し、マーケティングコンサルタントとして独立。コト・マーケティングを活用し多くの実績をあげてきた。年間の講演数は80回を超える。「また会いたくなる」雰囲気を持っており、クライアントがクライアントを呼び、一気に人気コンサルタントになる。笑顔とあごひげが印象的。

◎——お客様との「つながり」をつくり出すことを大切にし、現在は、大手企業から中小企業まで多種多様なコンサルティングを手がけ、18年間で1500社以上の売上向上に貢献。全国の温泉地や商店街の活性化や大学講師などでも活躍中。2016年「コトマーケティング協会」を設立。現在、代表理事。

◎——「とくにコロナ禍では、従来どおりの売り方は通用しない。お客様が何に困っているかを聞き出し、その問題解決のお手伝いをする。加えて、オリジナリティのある売り方が必要」が持論で、お客様とどうつながるか、どうやって絆をつくるか、を強調する。この本は、売り方に悩む人すべてに、お客様とのマッチングの方法を豊富な事例を交えて解説した指南書である。著書として、『売り方の神髄』『お客様のことが見えなくなったら読む本』（以上すばる舎）、『年収が10倍になる！ 魔法の自己紹介』（フォレスト出版）、『なぜあの会社は安売りせずに利益を上げ続けているのか』（実業之日本社）『ぼくらはお金で何を買っているのか。』（Clover出版）など多数。

お客様が集まる！「ぼくだけ」の売り方

2021年8月12日　第1刷発行

著　者——松野恵介
発行者——徳留慶太郎
発行所——株式会社すばる舎
〒170-0013 東京都豊島区東池袋3-9-7東池袋織本ビル
TEL　03-3981-8651（代表）
　　　03-3981-0767（営業部直通）
FAX　03-3981-8638
URL　https://www.subarusya.jp/

印　刷——ベクトル印刷株式会社

落丁・乱丁本はお取り替えいたします

ISBN978-4-7991-0985-4